LA FAMILLE D'ARTHENAY

PAR EUGÈNE DE MIRECOURT,

Auteur de SORTIR D'UN RÊVE.

I.

PARIS.

GABRIEL ROUX.

CHARLES GOUJATY, LIBRAIRE-ÉDITEUR,

58, rue du Four Saint-Germain.

—

1841.

Imp. de BOULÉ et Cⁱᵉ, rue Coq-Héron, 3.

LA FAMILLE
D'ARTHENAY.

I.

EUGÈNE DE MIRECOURT.

LA FAMILLE
D'ARTHENAY

I

PARIS.

GABRIEL ROUX,

CHARLES GOUJATY, LIBRAIRE-ÉDITEUR,
58, rue du Four Saint-Germain.

—

1841.

INTRODUCTION.

A QUOI SERT UNE PRÉFACE?..... Une fois cette question posée, le lecteur la résout d'une manière très logique, en tournant, avec une impatience fébrile, tous les feuillets hétérodoxes qui se trouvent intercalés entre le frontispice et le premier chapitre d'un roman : de sorte qu'un pauvre auteur qui s'était évertué à répondre victorieusement à des objections prévues, ou à se laver d'un reproche d'immoralité, voyant les critiques reproduire à la fois objections et reproche, en est réduit à leur demander avec toute la naïveté de l'innocence : Avez-vous lu ma préface?

Ces malencontreuses paroles avaient à peine été prononcées autour de l'une des tables du *Café de Paris*, qu'elles furent accueillies avec ce rire inextinguible dont les dieux d'Homère firent retentir les voûtes de l'Olympe à l'aspect du gracieux successeur d'Hébé. De plus (ce que les immortels ne se fussent jamais permis), mes joyeux viveurs, qui venaient de sabler du Champagne, joignirent à leurs exclamations un si furieux trépignement que jamais il n'en fut entendu de pareil à la première représentation d'un drame des *Folies-Dramatiques*.

— A merveille, messieurs! m'écriai-je : voilà bien la plus énergique protestation que vous puissiez faire contre les préfaces; mais, permettez-moi de vous observer que ce mode de raisonnement n'est pas de nature à me convaincre.

Le vacarme recommença de plus belle.

— Il est incorrigible! cria l'un.

— C'est une monomanie! répliqua l'autre.

— Quant à moi, dit un troisième, en brisant cinq ou six verres pour imposer silence, je déclare absurde tout discours tendant à prouver qu'une préface est indispensable à un livre! Eh! morbleu, messieurs les auteurs, vous défiez-vous tellement de notre intelligence que vous ayez besoin de nous indiquer la marche que vous allez suivre? Vous appartient-il de nous tailler des ailes pour que nous puissions nous élever à votre hauteur?.. Je soutiens qu'une préface est une injure, une personnalité révoltante..... Passez les préfaces!

— Oui! oui! crièrent tous les autres ; au diable les préfaces, en littérature comme en amour!

— Et je propose, continua l'imperturbable orateur, de condamner à une amende de dix bouteilles de Champagne celui qui tenterait de prouver encore qu'une préface n'est pas un hors-d'œuvre, une monstruosité littéraire, une troisième roue à un tilbury, un vol de papier, un abus de confiance!

La proposition se trouvant adoptée par tous les convives, je fouillai prudemment dans ma poche avant d'émettre les argumens invincibles que je venais d'élaborer en faveur des préfaces. Je n'avais que *trente-cinq francs* : je crus devoir me taire.

— Eh bien! me dit en sortant mon fougueux antagoniste, qui avait pris pour de la conviction l'effet produit par le mauvais état de mes finances, vas-tu faire une préface à ton prochain roman?

— J'en ferai deux, lui répondis-je.

Lecteur, passez à la première.

OUBLI DES CONCILES.

C'est une incontestable vérité qu'un prêtre, une fois sorti de la ligne des devoirs qu'il s'était tracés, marche sur la pente du crime avec un cynisme plus honteux, un égarement plus funeste que la plupart des autres hommes. Nos cours d'assises ont retenti plus d'une fois des scandaleux débats soulevés par les forfaits d'un ministre de la religion... Rouge de honte, cette fille du ciel s'est voilé la face, en voyant un de ses défenseurs assis sur la banquette des criminels.

Bien des personnes me diront peut-être : « Que vous importe, à vous, romancier frivole, si quelques membres du clergé donnent dans des erreurs ou des vices? Avez-vous la prétention de vous poser en réformateur des mœurs ecclésiastiques?... Alors jetez votre plume et montez en chaire : ce n'est pas dans un roman que l'on doit faire des sermons! »

D'autres ajouteront qu'il n'appartient pas à un écrivain profane d'agiter des questions religieuses, parce que celui qui touche à l'arche sainte, même pour la soutenir, est frappé de mort.

Mais ce n'est pas ainsi que je comprends la mission de l'écrivain. La religion comme la morale intéressant la société tout entière, tous doivent mettre la main à l'œuvre lorsqu'il s'agit de réprimer un abus. Parce que l'architecte a tracé le plan d'un édifice, est-il donc défendu au simple maçon d'en prévenir la ruine en découvrant un vice caché dans les fondemens? Notre siècle, il n'est plus permis d'en douter, marche vers une immense réaction religieuse, et ceux qui ont prédit la ruine du christianisme n'ont pas songé que, semblable au phénix, il trouve dans sa vieillesse même un nouvel espoir d'immortalité.

Respect à ce vieux tronc que les tempêtes n'ont pu renverser, tant ses racines sont profondément fixées dans le sol! respect à l'œuvre du Christ!... Mais pourquoi les hommes ont-ils gâté son ouvrage? Pourquoi leurs institutions fragiles et périssables sont-elles venues siéger à côté des institutions divines? Pourquoi voyons-nous aujourd'hui, dans nos temples, un luxe effronté succéder à la simplicité du culte primitif et démentir audacieusement les maximes de l'Evangile? Pourquoi les prêtres chrétiens veulent-ils outrepasser les bornes d'une mission toute spirituelle pour se mêler aux débats des enfans du siècle? Pourquoi ces luttes scandaleuses contre le pouvoir temporel, quand le Christ a dit que son royaume n'était pas de ce monde? Enfin, pourquoi cette intolérance fanatique, ces sourdes haines, ces menées clandestines, ces anathèmes lancés avec tant d'amertume contre nos pauvres erreurs?.. L'Homme-Dieu lui-même a relevé la femme adultère, et sa morale sublime n'enseigne que deux choses : LA CHARITÉ, LE PARDON !

Ces lignes de ma préface auraient pu figurer dans les colonnes du *Constitutionnel* avant 1830 et faire suite aux déclamations de cet honnête journal contre le parti-prêtre... Hélas! c'est qu'aussi nous sommes revenus en 1830 !

Après notre glorieuse révolution (vieux style, histoire ancienne), le clergé, que la foudre ne menaçait plus, marcha long-temps dans l'ombre avec prudence. L'habit laïque avait remplacé la soutane; les coiffeurs dissimulaient adroitement tout ce qui, dans la coupe des cheveux, pouvait accuser la cléricature ; on ne rencontrait plus, ni dans nos promenades, ni sur nos boulevards, le moindre signe extérieur qui pût trahir un prêtre.... Honte et ridicule! Les premiers pères de la Foi marchaient le front levé au jour de la persécution et ne rentraient qu'après l'orage dans leur modeste obscurité. Leurs successeurs suivent une marche rétrograde : la menace les fait pâlir ; on les voit disparaître sous l'herbe comme le serpent.... Puis, à l'heure où l'on commence à ne plus songer à eux, ils redressent fièrement la tête et menacent à leur tour. Et pourquoi ne dirais-je pas hardiment toute ma pensée? Le caractère du prêtre a perdu, de nos jours, sa noblesse et sa dignité première. Cependant, puisque le siècle manifeste une tendance vers les idées religieuses, ne faudrait-il pas que les ministres de la religion fussent, avant tout, irréprochables ?

Un prêtre est un vase d'élection, un modèle de toutes les vertus proposé par Dieu même à l'imitation des hommes. Messager de paix et d'amour, il doit verser du baume sur toutes les souffrances, consoler toutes les douleurs. Egalement appelé sous la chaumière du pauvre et sous les voûtes dorées des palais, s'asseyant près du grabat de l'indigence, comme au chevet de l'homme puissant qui va mourir, il faut que ses paroles d'espoir et de pardon diminuent l'horreur du trépas; il faut qu'en lui l'enfant trouve un guide éclairé, l'homme un conseiller prudent, le vieillard un consolateur. Et comment réunira-t-il toutes ces qualités sans une connaissance approfondie du cœur humain, s'il n'a pas envisagé la société sous toutes ses faces, dans tous ses détails, dans ses joies et ses plaisirs, comme dans ses peines et ses misères?

La science du monde est donc nécessaire à un prêtre pour remplir dignement sa tâche évangélique.... et voilà ce qu'ont oublié les conciles.

Quelle expérience ont la plupart des jeunes prêtres, quelle confiance peuvent-ils inspirer? Pris chez leurs parens au sortir de l'enfance, ils passent leur jeunesse à l'ombre des murs inviolables d'un séminaire, et n'en sortent qu'une fois leurs vœux prononcés, pour être immédiatement placés à la tête des peuples. Lancés alors dans le tourbillon du monde, passant tout à coup du calme à la tempête, leur tête s'égare, leur imagination frappée leur présente sous un faux jour tout ce qui les environne; effrayés du contraste de leurs mœurs pures avec les mœurs de la société, ils prennent envers elle une attitude hostile, heurtent toutes les croyances, anathématisent tout ce qui sort des règles de la morale austère qu'on leur a prêchée.... Ou, ce qui n'est pas moins déplorable, ceux qui jusqu'alors avaient vécu dans le silence des passions et le sommeil des sens, se laissent entraîner par les séductions inconnues du plaisir et désertent la bannière du ciel pour suivre celle de l'enfer.

On me répétera que je tranche du réformateur : soit. Mon but a été de prouver qu'il y a un vice dans l'éducation des jeunes prêtres, qu'ils ont besoin de faire un noviciat dans le monde et d'étudier les hommes avant de prêcher l'Évangile. Ceux qui résisteront à l'épreuve seront de véritables ministres du Christ qui nous feront aimer et bénir la vertu. Quand nous voudrons aller à Dieu, nous ne rencontrerons plus, au milieu du sanctuaire, une pierre de scandale pour nous faire trébucher. Des malheureux, reconnaissant trop tard qu'ils se sont trompés sur leur vocation, ne seront plus obligés de cacher leurs faiblesses sous le voile honteux de l'hypocrisie et de recourir au crime pour étouffer un ignoble secret.... Nous n'aurons plus de prêtres arborant une couleur politique, de prêtres intolérans, de prêtres assassins, de DELACOLLONGE !

AMENDE HONORABLE.

Un scrupule est venu m'assaillir, en lisant une dernière fois mon ouvrage avant de le livrer, pieds et poings liés, entre les mains de mon éditeur. Je dois avouer ici que je fus tenté de remettre mon manuscrit en portefeuille et de le condamner à ne voir jamais le jour : car j'ai traîtreusement calomnié des lieux qui pourtant ne me rappellent que de bons et purs souvenirs ; j'ai sacrifié à un misérable caprice d'auteur, en cherchant, parmi des sites qui me sont connus, une peinture de détails plus naturelle, sans réfléchir que des personnes malveillantes pouvaient faire de dangereuses applications et flétrir peut-être, par un odieux parallèle, des hommes pour qui j'ai toujours professé la plus grande estime.

A vous donc, dignes prêtres du séminaire de Saint-Dié !.... le caractère que j'ai tracé ne peut s'appliquer à aucun d'entre vous. Pardonnez-moi d'avoir transporté la scène de mon drame dans ces lieux témoins de vos vertus, où le clergé du reste de la France trouverait de saints exemples à suivre et des mœurs dignes des premiers âges du Christianisme..... à vous ces lignes de ma préface qui vous diront que je vous respecte et que je vous admire !

EUGÈNE DE MIRECOURT.

PREMIÈRE PARTIE.

HYPOCRISIE.

I.

UN HOMME DE L'ANCIEN RÉGIME.

Le dernier cierge de l'autel venait de s'éteindre, et les séminaristes, sortant deux à deux des bancs de la chapelle, se perdaient dans l'ombre d'un long corridor. A peine si on entendait le bruit des pas résonner sur les dalles humides, tant était grave et recueillie la démarche de ces pieux élèves du sanctuaire, tant ils craignaient de troubler les saintes inspirations puisées dans le silence de la retraite.

On était à l'approche d'une ordination. Plusieurs de ces jeunes gens devaient prononcer le surlendemain des vœux solennels et irrévocables.

Un seul n'avait pas suivi ses condisciples et restait dans la chapelle qui n'était plus éclairée que par la lueur tremblante d'une lampe suspendue en face de l'autel. C'était un jeune homme de vingt-deux ans, d'une organisation frêle et délicate et dont le visage était pâli par l'étude ou le chagrin. Mais ce corps débile renfermait une de ces ames ardentes, que la religion peut rarement disputer au monde lorsque l'heure des passions a sonné, et qui, dans la lutte inégale qui s'élève entre leurs croyances et leurs fougueux désirs, finissent presque toujours par se réfugier dans les ténèbres du doute, sombre et dernier asile du remords.

Cette lutte avait commencé pour Léon d'Arthenay, seul rejeton d'une illustre famille, que son père destinait au sacerdoce, sans consulter ni les goûts du jeune séminariste, ni la propension qui pouvait le porter vers un autre état.

Le marquis d'Arthenay, vieillard austère dont le front glacial ne s'était jamais déridé devant son fils, après s'être vu dépouillé de ses biens en 93, avait essuyé, pendant l'émigration, tous les déboires attachés à l'existence d'un homme qui passe subitement de l'opulence à la misère, des jouissances du luxe aux privations de l'exil. Trop orgueilleux pour demander des secours aux puissances étrangères et même pour faire connaître son dénûment aux princes dont il suivait la fortune, il avait rapporté, à son retour en France, un cœur aigri par les chagrins et un corps miné par les pénibles travaux auxquels il s'était condamné plutôt que de recevoir un bienfait qu'il eût regardé comme une aumône.

Fidèle à cette fierté de caractère, M. d'Arthenay ne fit pas la moindre démarche pour obtenir ce que tant d'autres réclamaient comme un droit, et l'indemnité conquise sur les Bourbons par les instances des familles nobles ne lui rendit qu'une faible partie de sa fortune primitive.

Madame d'Arthenay, succombant à la souffrance, était morte à Vienne en 1810, des suites d'un accouchement laborieux. Prête à quitter la vie, la pauvre mère jeta sur le berceau de son fils un regard où se peignaient de cuisantes douleurs et de cruelles appréhensions; car elle tremblait pour l'avenir de son enfant. Elle se demandait qui pourrait la remplacer auprès de cette douce créature et lui prodiguer les trésors de tendresse qu'elle lui avait réservés dans son cœur. Pouvait-elle espérer que son époux, dont elle connaissait la dureté de caractère et la froide insensibilité, témoignerait à leur enfant une affection qu'il n'avait jamais eue pour elle? M. d'Arthenay avait-il laissé tomber un seul regard d'amour sur son premier-né? Lorsqu'elle lui avait présenté cet ange, ne le lui avait-il pas rendu, en prononçant ces amères paroles : « Madame, je regrette d'être père! »

Pour expliquer cette inconcevable conduite chez un homme que sa naissance et son éducation devaient rendre plus accessible aux sentimens de la nature, il faut dire que M. d'Arthenay n'en était venu à ce point d'insensibilité qu'après une jeunesse passée dans le désordre et flétrie par les maximes corrompues de la philosophie voltairienne. Admirateur passionné du vieux libertin de Ferney, il avait usé la noblesse de son ame au frottement de principes absurdes et d'idées subversives de tout ordre moral ; il s'était mis avec orgueil sous la tutelle de ces hommes qui s'appelaient *philosophes* et qui trempaient leur plume dans la boue, pour écrire *les Bijoux indiscrets* et *la Pucelle.*

Le marquis s'était marié dans le but de rétablir sa fortune presque entièrement dissipée par de folles débauches, et, le lendemain de son mariage, il avait quitté sa jeune épouse et s'était embarqué pour l'Amérique en qualité de capitaine de frégate, pour aller soutenir la guerre de l'*indépendance.*

Lorsqu'il vit, à son retour, le peuple, dont des mains imprudentes avaient rompu les chaînes, secouer dans sa base le vieil édifice de la monarchie et renverser des institutions fondées sur les siècles, un sentiment profond d'amertume envahit le cœur de cet homme.

Oubliant qu'il venait de combattre pour la propagation du même principe dont les conséquences étaient sous ses yeux, il ne voulut voir, dans la ruine commune de ceux de sa caste, que le résultat d'une administration vicieuse de la part du gouvernement. Il donna pour cause du mouvement révolutionnaire la pusillanimité du monarque et les prétendus désordres de la jeune reine, plutôt que de l'attribuer à la philosophie dont il avait prêché lui-même les funestes doctrines. Il maudit la fatale imprévoyance de ceux qui n'avaient pas su lui conserver ses titres et sa fortune, quand il ne lui restait plus d'autres jouissances que celles de l'orgueil, à lui qui avait vu s'anéantir dans son cœur le dernier germe de la sensibilité, qui avait tué des hommes comme il eût écrasé des insectes, qui s'était abruti au milieu du sang et du carnage, sans avoir jamais eu l'idée qu'il restât autre chose de l'homme qu'un cadavre, bon à repousser du pied et à jeter à la mer pour la salubrité du navire.

Porté sur les listes de proscription, il fut donc obligé de s'expatrier pour sauver sa tête. La marquise le rejoignit à la frontière, n'ayant sauvé du pillage de son château qu'un écrin de diamans, faible ressource qui fut bientôt épuisée. Mieux eût valu pour elle expirer sous le couteau des cannibales qui l'avaient poursuivie avec des blasphèmes et des cris de mort, car son époux lui fit subir plus d'angoisses et de tortures qu'il n'est permis à une femme d'en supporter sans mourir. Il lui reprochait sans cesse l'amitié d'une reine malheureuse, dont les torts, si l'on peut appeler ainsi les frivolités de la jeunesse, avaient été cruellement expiés sur l'échafaud. Il lui faisait un crime d'avoir assisté aux fêtes de la cour, « à ces folles orgies, disait-il avec rage à la tremblante jeune femme, où l'on voyait une foule servile d'hommes sans cœur et de nobles dames éhontées danser sur un abîme entr'ouvert, pendant qu'un monarque imbécile permettait à ce fol entourage d'afficher un luxe scandaleux, aux regards du peuple qui criait à la famine. »

— Oui, vous avez dansé, madame, et vous pleurez aujourd'hui : c'est justice! Au milieu de l'ivresse du plaisir, vous n'avez pas entendu les rugissemens du lion retentir aux portes du palais, et le lion vous a surprise au sein du plaisir! Il a déchiré vos parures et broyé vos diamans dans sa gueule ensanglantée!.... N'était-ce pas un devoir pour vous, pendant mon absence, de prévoir les malheurs dont le pays était menacé? Ne pouviez-vous faire passer en lieu sûr une partie de notre fortune?... Pour vous plaire, maintenant, irai-je m'abaisser à mendier des secours près de ceux qui ont causé notre ruine, princes efféminés qui se consolent de l'exil parce qu'ils y retrouvent des divertissemens et des fêtes? Non, non! je les méprise trop pour cela..... Je souffrirai la misère, et vous la subirez aussi, vous, madame, dont la funeste négligence nous a perdus.... Pleurez, oh! oui pleurez! Vous ne trouverez jamais assez de larmes pour déplorer votre folie ! »

Ces cruels reproches, madame d'Arthenay les avait entendu résonner sans cesse à ses oreilles pendant les longues années de l'émigration. Comme nous l'avons dit, la pauvre femme était morte à la peine.

Le marquis confia son fils aux soins d'une étrangère, et ne le revit qu'en 1814, pour le ramener en France avec lui. Ce qu'il avait recouvré de son ancienne fortune lui permettait d'habiter la capitale ; mais il ne voulut pas rester à la cour, où sa misanthropie ne le faisait pas regarder d'un œil favorable. On l'appelait *l'ours civilisé;* ses perpétuelles récriminations fatiguaient des hommes qui voulaient oublier leurs infortunes pour se lancer dans la nouvelle carrière d'ambition qui s'ouvrait devant eux. Le marquis se retira dans les montagnes des Vosges où se trouvaient les propriétés qui lui restaient.

Ce fut là que, dévoré de chagrins et d'ennuis, ne trouvant même pas une consolation dans la vue de son fils, pauvre enfant qu'effrayait le sombre visage de son père, M. d'Arthenay, qui n'avait jamais aimé personne, sentit le besoin d'avoir une compagnie.

Madame de Verneuil, sa belle-sœur, venait de perdre son époux, et se trouvait presque ruinée par de dangereuses spéculations qu'il avait faites avant de mourir : le marquis lui proposa de venir se fixer près de lui, osant invoquer, pour l'y décider, le souvenir de celle qui avait tant souffert.... Mais il savait que sa victime avait refoulé ses cris d'angoisse au fond de son ame, et que jamais madame de Verneuil n'avait soupçonné les chagrins de sa sœur.

Celui que le marquis chargea de cette mission était son propre frère, qu'il connaissait à peine; car ce dernier, destiné, comme cadet, à l'état ecclésiastique, s'était enfui dans les Indes en 93. M. d'Arthenay n'en avait eu aucune nouvelle pendant la durée de son exil : il ne l'avait retrouvé qu'à la veille de quitter Paris pour se retirer dans son domaine, apprenant en même temps que la restauration venait de nommer ce frère évêque *in partibus*.

Madame de Verneuil avait donc cédé aux instances que monseigneur lui faisait de la part du marquis, et le vieux château d'Arthenay vit un jour arriver, dans son enceinte triste et silencieuse, trois nouveaux hôtes que le concierge stupéfait n'introduisit qu'avec hésitation près de son maître : le brave homme croyait faire un rêve, tant il avait perdu l'habitude de voir des visages étrangers.

Ces trois personnes étaient monseigneur Victor-Amédée d'Arthenay, évêque d'H***, madame de Verneuil, et sa fille, blonde et riante créature de cinq ans, qui, habituée jusqu'alors à l'élégant boudoir de sa mère, ouvrait ses grands yeux bleus, tout remplis d'une surprise enfantine, à l'aspect du vieux salon à la Louis XV, des massifs rideaux de damas et des peintures représentant les bergères dansant sous l'ombrage avec leurs cheveux poudrés, ou l'Amour bridant des lions avec un ruban rose.

Madame de Verneuil fut installée et reconnue maîtresse du logis. Elle résolut dès lors de partager sa tendresse entre Marie, sa fille bien-aimée, et son jeune neveu, près duquel elle voulait remplacer la mère qu'il avait perdue.

Jeune et belle encore, elle avait renoncé à l'espoir de contracter de nouveaux liens, et cela dans l'unique but de se consacrer tout entière à l'éducation de sa fille. Une fois cette résolution prise, elle reçut avec joie les offres de son beau-frère. Une seule crainte lui était restée. Elle n'ignorait pas que le vieux marquis avait autrefois été cité comme un modèle d'incrédulité et d'irréligion. Voulant inculquer à sa fille les sentimens d'angélique piété qu'elle avait elle-même, madame de Verneuil manifesta d'abord quelques inquiétudes, que l'évêque calma par la promesse de travailler immédiatement à la conversion de son frère.

En effet, deux mois après l'arrivée de ses hôtes, l'ex-partisan de la philosophie du dix-huitième siècle, l'admirateur enthousiaste des encyclopédistes, entendait tous les jours la messe dans la chapelle de son château ; un prêtre, appelé par l'évêque, était à la fois le chapelain du marquis et le précepteur du jeune Léon, que l'on avait fait revenir du collége de Strasbourg. Les œuvres de Voltaire et de Rousseau furent arrachées honteusement des rayons de la bibliothèque et brûlées dans la cour du château, pendant que Léon, tenant par la main sa petite cousine, dansait avec elle autour du feu de joie. Le clergé des environs bénit la Providence, qui venait de faire rentrer dans le giron de l'église un homme qui s'était montré toujours son plus cruel ennemi.... Et M. d'Arthenay, dont la jeunesse n'avait été qu'un enchaînement d'orgies et de débauches, dont l'âge mûr n'avait racheté aucune de ses erreurs, qui n'avait supporté les coups du sort qu'en lançant contre le ciel d'atroces malédictions, M. d'Arthenay, mauvais époux, mauvais père, se voyait dans sa vieillesse entouré de respects universels. Sa santé s'était affermie ; son visage respirait un air de béatitude qui faisait rêver le bonheur des cieux. On appelait le marquis un *saint homme*, surtout à l'époque où commence cette histoire, car il avait voulu, le pieux vieillard, que son fils entrât au séminaire.... Et le soir du 19 décembre 183., il s'endormait d'un sommeil paisible, en pensant à l'ordination du surlendemain, où Léon devait être élevé au sous-diaconat.

C'était le même soir que Léon d'Arthenay, resté seul à la chapelle, après le départ de ses condisciples, luttait intérieurement contre la destinée qu'on lui réservait.

Le jeune séminariste était en proie à de terribles émotions : une sueur glacée découlait de ses tempes et tombait en larges gouttes sur la stalle de chêne ; de profonds sanglots soulevaient sa poitrine, et lorsque enfin l'orage qui grondait dans son cœur vint à éclater, le silence mystérieux de la chapelle fut troublé par une exclamation qui montrait combien la lutte avait été pénible et quels efforts avait dû coûter au jeune homme la résolution qu'il venait de prendre.

— Jamais ! s'écria-t-il, avec un accent impossible à décrire.

Et son regard sembla jeter un défi au ciel. Se voyant seul, il franchit d'un pas rapide les marches qui conduisaient au sanctuaire, et, plaçant une main sur l'autel et l'autre sur son cœur, il répéta :

— Jamais ! ! !

Puis, comme s'il eût proféré un blasphème et qu'il craignît d'en subir, à l'heure même, le terrible châtiment, il recula saisi d'effroi ; ses genoux fléchirent, ses cheveux se dressèrent sur sa tête.... Car, entre l'autel et lui, il crut voir un gouffre s'ouvrir, et de ce gouffre sortir des flammes. De hideuses figures de démons tournoyaient sur le bord de l'abîme et semblaient vouloir l'envelopper dans leur ronde infernale.

Il était sous la terreur de cette lugubre apparition, quand il sentit une main froide comme celle de la mort saisir la sienne.... Son supérieur était devant lui.

C'était le même prêtre qui avait dirigé son éducation. L'abbé Duval, protégé par l'évêque d'H***, avait été placé à la tête du grand séminaire. Ce prêtre, à peine âgé de trente-cinq ans, avait déjà le front chauve et couvert de rides ; sa figure annonçait la sévérité, jointe à tout ce que l'égoïsme religieux peut renfermer d'intolérance et d'astuce.

Depuis le premier jour de la retraite, il avait deviné tous les combats qui se livraient dans le cœur de son pupille. Au sermon d'ouverture, il l'avait vu maintes fois tressaillir et manifester des sentimens involontaires de répulsion pour certaines maximes soi-disant évangéliques. Le prêtre examinait donc avec inquiétude la conduite de Léon ; ses yeux de lynx essayaient de percer l'enveloppe qui recouvrait cette jeune ame, pour en mettre à nu toutes les pensées, toutes les imaginations, tous les rêves : il y réussit. Comme il était convenu avec M. d'Arthenay que Léon serait prêtre, et qu'il fallait d'ailleurs prévenir un éclat qui pourrait avoir du retentissement dans l'esprit des autres séminaristes et réveiller en eux des idées que la retraite et la prière avaient vaincues, il fit signe au jeune homme de le suivre.

Celui-ci, dont l'exaltation première avait fait place à un sentiment d'effroi, obéit et se trouva bientôt dans la chambre de son supérieur.

II.

CONFESSION.

L'aspect de cette chambre avait quelque chose qui glaçait l'ame : les murs en étaient nus et lézardés comme ceux d'un cachot. Il n'y avait d'autres meubles qu'une table noircie, chargée de papiers, sur laquelle se trouvait un crucifix. Au fond de la pièce, un matelas était placé sur des planches, et, au-dessus de ce lit sans rideaux, pendait un second crucifix de grandeur presque naturelle et d'une si grande vérité d'expression, que le regard de ce Dieu mourant faisait involontairement pâlir et que l'on croyait voir couler des flots de sang de la plaie entr'ouverte qu'il portait au côté. Une lampe, surmontée d'un abat-jour, laissait à peine échapper assez de clarté pour que Léon pût remarquer ce lieu, tel que nous venons de le dépeindre. Le jeune homme sentit un frisson courir dans toutes ses veines, lorsqu'il se vit dans cette cellule où jamais il n'avait pénétré. Tous les séminaristes la regardaient comme un asile mystérieux, muet témoin des austérités de celui qui l'habitait, et peut-être de ses communications avec le ciel.... Le supérieur recevait ordinairement dans un salon voisin, meublé avec recherche.

Un homme du monde ne comprendra jamais l'influence que peuvent exercer les idées religieuses sur ceux qui les reçoivent à la fois par l'intelligence et les sens, à cet âge où l'ame et le corps sont vierges et se laissent si facilement impressionner..

Léon d'Arthenay fut saisi d'une espèce de vertige en rencontrant le regard sévère du prêtre : il se cacha le visage dans ses mains.

— Qu'y a-t-il donc, mon ami? demanda le supérieur, qui prit tout à coup un air de bonté.

— Ayez pitié de moi ! s'écria le jeune homme en fondant en larmes.

— N'ai-je donc plus votre confiance, Léon? Ne pouvez-vous me dire ce qui vous tourmente?... C'est quelque scrupule, n'est-ce pas ? Allons, confiez-moi ce chagrin qui vous pèse sur le cœur... Vous êtes mon fils en Jésus-Christ, et vous avez la plus grande part dans l'affection que je porte à tous mes enfans.

— Hélas, j'en suis indigne !

— Indigne !... vous, mon fils, dont j'ai dirigé les premiers pas dans le sentier de la vertu ?... C'est impossible, Léon : vous vous exagérez une faute légère ; songez que dans deux jours vous devez vous consacrer à Dieu : ne désespérez pas de la bonté du Seigneur qui vous appelle à lui...

— Dieu m'appelle à lui, dites-vous ?... Ah ! si le ciel voulait ce sacrifice, il me donnerait la force de l'accomplir. Plus j'approche de ce moment qui doit me lier par des vœux éternels, moins je me sens de courage et de résolution... Une voix intérieure me crie de m'éloigner du sanctuaire tandis qu'il en est temps encore.

—Imprudent ! ne voyez-vous pas que l'Esprit de ténèbres peut seul vous suggérer de semblables pensées ?

—Non, non ! s'écria le jeune homme : j'ai prié nuit et jour, et la prière n'a pas dissipé mes alarmes ; j'ai pleuré, le front sur les marches de l'autel, et mes pleurs stériles n'ont pas attiré sur moi le plus faible rayon de la grace !... Ne dites plus que Dieu m'appelle à lui, car Dieu donne à l'aveugle un guide pour diriger ses pas chancelans ; il a mis autrefois dans les nues une étoile resplendissante pour conduire les mages au berceau de son fils... A moi qui marche dans les ténèbres, il me refuse sa lumière, il me laisse en proie à toutes les horreurs du doute...

— Taisez-vous, insensé : vous proférez un blasphême !

—Si j'ai blasphêmé, répondit froidement Léon, je suis indigne d'entrer dans les ordres : je me retire.

— Et votre père, malheureux! ce saint vieillard que votre égarement va conduire au tombeau, voulez-vous donc qu'il meure avec la désolante pensée que son fils renonce à sa part d'héritage au ciel?

— Je renonce simplement à l'état ecclésiastique, parce que rien ne m'indique que ce soit ma vocation. Mon père ne me donne-t-il pas la preuve que l'on peut aussi se sauver dans le monde?

— Endurcissement du cœur! murmura le prêtre en voyant le sang-froid du jeune homme. Léon, continua-t-il en élevant la voix, je vous en conjure, n'agissez pas sous l'impression des sentimens qui vous animent aujourd'hui, craignez les piéges de Satan! L'ange déchu se revêt parfois des apparences d'un ange de lumière!... Vous avez tenté le ciel, mon ami, vous lui avez demandé des miracles et, pour vous punir de votre manque de foi, il vous expose aux tentations de l'enfer... A genoux, Léon! faites-moi l'aveu de vos fautes.

Le supérieur alla passer un surplis et revint s'asseoir auprès du jeune homme qui s'était agenouillé.

— Mon père, dit Léon, vous m'avez connu dès mon jeune âge, et depuis, vous avez dirigé ma conscience; mais peut-être n'êtes-vous pas descendu assez avant dans mon cœur pour bien connaître des penchans que je craignais de m'avouer à moi-même. J'étais encore enfant, lorsqu'on m'apprit à dire que je voulais être prêtre. Jusqu'à ma dix-huitième année, l'étude et des exercices religieux ont occupé, sous votre direction, toutes les heures de ma jeunesse. Cependant alors, vous devez vous le rappeler, mon père, je vous confiais souvent le trouble qui venait m'assaillir au milieu des plus saints devoirs.

— Eh! mon cher enfant, qui de nous n'a pas éprouvé cette révolte des sens ? Notre ame gémit sans cesse d'être attachée à ce corps de boue ; mais elle peut faire plier l'esclave et lui imposer des lois.

— Aussi, mon père, ai-je combattu avec toutes les forces de ma volonté. L'étude m'offrait un asile contre les orages des passions; je m'y suis réfugié dans l'espérance d'effacer en moi jusqu'au souvenir du monde.... Eh bien ! malgré tous mes efforts, l'image de Marie, de la compagne de mon enfance dont je m'étais séparé en brisant mon cœur, cette image m'a suivi partout.... Partout, mon père, même jusque dans le lieu saint, quand, après l'avoir rencontrée sur mes livres, j'allais me prosterner tremblant au pied des autels.... Hélas ! je priais la Vierge, et c'était le nom de Marie que je prononçais, et ma prière devenait un sacrilége !.... Hors de moi, bourrelé de remords, je courais m'enfermer dans ma chambre, je revêtais un cilice, je déchirais mon corps à coups de discipline, désirant verser tout le sang de mes veines pour éteindre la flamme coupable qui me consumait.... Et rien ! Je n'obtenais pas un seul instant de repos, je demandais à Dieu de mourir !

— Oui, oui, murmura le prêtre entre ses dents, ce délire de la passion, je l'ai connu... Oh ! toujours ce souvenir ! Il y a pourtant de longues années que je cherche à l'éteindre ; me poursuivra-t-il jusqu'à la tombe ?

— Enfin, continua Léon, grace à vous, mon père, qui m'avez conseillé de ne plus revoir Marie, je parvins, si ce n'est à l'oublier, du moins à ne plus être troublé en pensant à elle. Je me remis à l'étude ; mais d'autres combats m'étaient réservés : ma raison rebelle ne voulait pas se courber sous le joug de la foi. Grace à vous toujours, j'appris à croire ; je reçus la tonsure et les ordres mineurs.... Il y a peu de jours encore, j'étais prêt à consommer le dernier sacrifice, à renoncer au monde.... Mais j'ai revu Marie !

— Malheureux ! cria le supérieur, vous ne me l'aviez pas avoué dans vos confessions précédentes....

— J'ai revu Marie, mon père ! Marie qui m'a blâmé d'être resté deux ans sans la voir, qui m'a rappelé nos beaux jours d'enfance.... Marie qui, plaçant sa main dans la mienne, me reprochait de ne plus l'aimer !.... Oh ! pitié, pitié, mon père ! Madame de Verneuil et M. d'Arthenay vous rendaient visite ; j'étais seul au parloir avec Marie.... Je lui ai dit que je l'aimais toujours. — Et pourtant, m'a-t-elle répondu, tu vas te faire prêtre !

— Alors, mon père, je devins fou.... Je me sauvai dans le jardin, courant comme un insensé, me heurtant à mes condisciples qui me retinrent au moment où j'allais m'enfuir dans la campagne et me ramenèrent avec eux à la chapelle. On commençait le premier exercice de la retraite ; et c'était après cette retraite que je devais prononcer mes vœux, quand la douce voix de Marie venait de me dire : Je t'aime !... Croyez-le bien, mon père, j'ai combattu, j'ai prié ; j'ai repoussé cet amour qui me revenait plus violent qu'autrefois ; je me suis rattaché à mes croyances que le doute venait affaiblir encore, et tout cela en vain ! Dieu n'est pas venu à mon secours ; il m'a fait connaître par cet abandon qu'il ne voulait pas de moi pour son ministre.... et tout-à-l'heure, avant que vous m'ayez conduit ici, j'ai fait, seul avec Dieu, le serment solennel de renoncer à un état dont je suis indigne.

— Mon fils, dit le supérieur, achevez votre CONFITEOR.

— Vous n'aviez pas recherché une entrevue

avec votre cousine, reprit l'abbé Duval, après que le jeune homme eut terminé sa prière : cela diminue beaucoup la gravité de la faute. Remerciez le Seigneur qui vous a fait essuyer cette rude épreuve, et qui vous accorde la grace de vous relever de votre chute. N'oubliez pas, mon fils, de combien de faveurs il vous a comblé jusqu'à ce jour. S'il ne vous réservait pas au service de ses autels, croyez-vous qu'il ne vous eût pas montré plus tôt que vous étiez destiné à vivre dans le monde?

— Mais je l'aime ! j'aime Marie ! s'écria le jeune homme avec un cri de douleur qui fendait l'ame.

— Le sacrifice n'en sera que plus agréable à Dieu, mon fils. Mettrez-vous donc dans la même balance un amour charnel et celui que vous devez à votre Créateur?.... Dieu veut que vous soyez un des défenseurs de sa religion : si vous n'écoutez pas sa voix qui vous parle par ma bouche, vous lui rendrez un jour un compte rigoureux des talens qu'il ne vous a donnés que pour faire triompher la foi. Votre éducation chrétienne et les pieuses intentions de M. d'Arthenay, votre père, sont une preuve évidente des desseins de la Providence sur vous. Ah! combien ce sacrifice vous coûterait peu, si vous saviez ce que c'est que le monde, si vous connaissiez ce qu'il appelle le bonheur !... N'avez-vous jamais remarqué la tristesse et l'abattement qui se lisent sur le front des enfans du siècle? Ignorez-vous donc que ces bruyans plaisirs, ces folles joies des mondains n'engendrent que le dégoût et l'amertume, que toutes les jouissances que l'on peut trouver sur la terre ne valent pas une heure passée au service de Dieu?... Vous aimez Marie, mon cher enfant ; Marie vous aime.... Eh! bien, vous vous retrouverez au ciel ! Là seulement l'amour est inaltérable et pur, parce qu'il se confond dans l'immense foyer de charité qui embrase éternellement le cœur des élus. Ici-bas, ce n'est qu'un sentiment matériel et grossier, indigne de ceux qui aspirent au bonheur céleste ; c'est une affection d'un jour qui s'évanouit comme la fumée, qui se flétrit comme la fleur des champs.... Malheur, mille fois malheur à ceux qui changent ainsi l'or contre la boue, le pur froment contre l'ivraie stérile ! Malheur à vous, mon fils, si vous endurcissez votre ame, si vous la rendez incapable de recevoir la divine rosée prête à descendre sur elle, pour en effacer jusqu'à la plus légère souillure.... Demain, redoublez de ferveur et préparez-vous aux ordres sacrés... Excitez-vous au repentir, je vais vous donner l'absolution.

Le jeune homme courba la tête : il venait d'entendre l'arrêt du ciel.

— Allez en paix, mon fils !

Léon sortit de la chambre du supérieur, pour se rendre au dortoir. Ses yeux étaient égarés, sa démarche chancelante. A peine eut-il fait quelques pas dans le corridor, qu'il fléchit sur ses genoux et s'évanouit.... Sa tête alla frapper contre la porte de la cellule.

III.

LE CHÂTEAU D'ARTHENAY.

Elevé sur la pente d'une colline, au milieu des Vosges, le château d'Arthenay remonte au quinzième siècle. Ses antiques tourelles et ses pignons pointus, qui dominent le val de Saint-D**, se confondent à l'horizon avec la cime des nuages et les noirs sapins des montagnes. Plus d'une fois, au temps des guerres de Lorraine, les seigneurs de ce manoir féodal avaient dû le défendre, tantôt contre les entreprises de leurs voisins, tantôt contre les montagnards révoltés, dont les chaumières avaient été livrées à l'incendie, et qui venaient, en poussant des cris sauvages, demander aux sires d'Arthenay du travail et du pain.

Le pont-levis se redressait alors contre la herse de chêne; les hommes d'armes montaient sur les créneaux, pour écarter les mutins à coups d'arquebuse, et le canon des meurtrières faisait prompte justice de ces hordes indisciplinées qui s'empressaient de chercher un refuge dans les forêts voisines.

Le château d'Arthenay se montre encore aujourd'hui tel qu'il existait autrefois : seulement les fossés ont été comblés et une grille de fer a remplacé le pont-levis ; les faisceaux d'armes n'apparaissent plus sur les tours, ni les gueules béantes des canons aux crevasses pratiquées dans les épais remparts. On entre de plain-pied dans la cour d'honneur, vaste enceinte sur laquelle donnent les fenêtres de tous les appartemens, et où l'herbe et la mousse croissent à l'envi dans les jointures des pavés. Un large perron conduit au pavillon principal, et, lorsqu'on pénètre dans l'intérieur du château, un sentiment de tristesse profonde s'empare de l'ame à la vue du délabrement complet qui règne dans ce vieil édifice. Les galeries désertes et silencieuses présentent encore quelques anciens tableaux de famille, dont la plupart sont en lambeaux et n'ont plus conservé que l'encadrement. Les plafonds à fresques sont recouverts d'une couche verdâtre, et les tapisseries de haute-lice retombent déchirées sur le parquet humide.

En revenant dans son domaine, le marquis s'était borné à faire préparer quelques chambres pour son usage. Plus tard, à l'arrivée de madame de Verneuil, il avait ordonné que l'on restaurât une aile entière du château, pour recevoir dignement celle qui venait partager sa triste habitation.

Avant l'entrée de Léon au séminaire, madame de Verneuil caressait intérieurement une douce espérance. L'amitié qui régnait entre Marie et son jeune cousin lui faisait entrevoir la possibilité d'un mariage, et ces idées d'un bonheur encore lointain pouvaient seules dissiper, par intervalles, la tristesse mystérieuse dans laquelle son ame était plongée. Tous les habitans du château connaissaient l'époque précise où cette tristesse avait pris naissance... Mais un homme seul en savait le véritable motif, et se gardait bien de l'expliquer.

Madame de Verneuil était loin de prévoir

que M. d'Arthenay voudrait consacrer Léon à l'état ecclésiastique, et la priver ainsi du seul espoir d'établissement qu'elle eût conservé pour sa fille, dans un pays étranger pour elle, où les goûts sédentaires du marquis ne lui avaient permis de cultiver aucune connaissance. Souvent elle avait blâmé l'éducation exclusivement religieuse que l'abbé Duval donnait à son neveu, témoignant en outre au précepteur une aversion que celui-ci, dans ses entretiens avec M. d'Arthenay, mettait sur le compte d'un caprice féminin.

Or, quand le marquis déclara ses vues sur Léon, madame de Verneuil se sentit blessée au point de ne lui adresser aucun reproche sur le renversement d'un projet dans lequel il aurait dû entrer de lui-même. Elle résolut de se retirer à Saint-D**, où elle pourrait rencontrer, dans quelque famille noble, un parti convenable pour Marie. Néanmoins, comme elle s'était aperçue que le cœur des jeunes gens avait parlé, supposant d'ailleurs que son neveu, en dépit de son éducation monacale, avait trop de fermeté de caractère pour se laisser conduire à l'autel comme une victime, si la prêtrise n'était pas dans ses goûts, elle ne voulait faire connaître sa résolution au vieux marquis qu'au moment où s'évanouirait la dernière espérance de marier sa fille à Léon... Ce moment fatal, elle le voyait approcher avec effroi, car la pâleur et les larmes de Marie lui laissaient assez deviner le secret de la jeune fille.

L'évêque d'H*** était arrivé, pour assister à l'ordination qui devait avoir lieu le jour suivant.

Surpris de voir la tristesse qui régnait, comme à l'approche d'un malheur, parmi les habitans du château, et surtout peu satisfait des réponses du marquis aux questions qu'il lui avait adressées sur la vocation de son fils, le prélat s'était fait conduire au séminaire, situé dans le val de Saint-D**, à une demi-lieue de l'habitation de son frère : il voulait éclaircir ses doutes par un entretien particulier avec le jeune homme.

A l'heure du déjeuner, le marquis d'Arthenay, les pieds enfoncés jusqu'aux genoux dans une chancelière et les yeux à demi fermés par une contemplation béate, dont il ne sortait que pour cracher dans les cendres, lorsqu'un accès de catarrhe venait le suffoquer, justifiait bien le titre de *saint homme* qu'on lui avait donné depuis sa conversion. Un parfait contentement de lui-même régnait sur tous ses traits, car il avait su prendre la religion sous le côté le plus favorable à son égoïsme : il avait jeté un voile épais sur le passé dont il ne s'était souvenu que pour se confesser à l'abbé Duval, et recevoir une absolution qui ne laissait plus d'accès au remords et lui promettait le bonheur de l'autre vie. A part donc une toux opiniâtre qui lui revenait ponctuellement tous les hivers, le marquis, à soixante-et-dix ans, jouissait d'une bonne santé. Il dormait bien, mangeait encore mieux ; et, pourvu qu'il rencontrât le bras de madame de Verneuil lorsqu'il voulait se promener dans le parc, pourvu qu'il entendît après son dîner la douce voix de Marie chanter un cantique, et que son chapelain, nouvel hôte acclimaté depuis deux ans aux fonctions exercées d'abord par l'abbé Duval, fût exact à lui faire tous les soirs une lecture pieuse, qu'ils commentaient ensemble, à la plus grande édification des assistans, jamais il ne laissait échapper le moindre signe d'humeur ou de contrariété.

Le nouveau chapelain, jeune prêtre de vingt-six ans, gros et trapu, à la figure ronde et colorée, disait son bréviaire à la droite du marquis; madame de Verneuil se préparait à annoncer à son beau-frère qu'elle allait se séparer de lui, et Marie travaillait à un ouvrage d'aiguille. On observait un silence religieux, parce que l'abbé récitait son office; et, de temps en temps, le vieux marquis entr'ouvrait l'œil pour voir s'il pourrait bientôt placer une parole.

— Allons, il paraît qu'il ne descendra pas aujourd'hui, dit enfin M. d'Arthenay, en voyant l'abbé fermer son bréviaire.

— AMEN! j'ai fini mes matines.... Qui donc attendez-vous, monsieur le marquis?

— Mon frère, parbleu! monseigneur l'évêque d'H***, qui nous est arrivé hier pendant votre absence. Ne vous avais-je pas dit qu'il devait venir?

— Monseigneur est ici! s'écria l'abbé. Ciel!.... moi qui suis avec ma vieille soutane et qui n'ai pas mis de rabat ce matin!

Madame de Verneuil haussa les épaules, en voyant le chapelain se regarder dans la glace et réparer le désordre de sa toilette avec un comique effroi. Marie ne leva pas les yeux de dessus son ouvrage: toutes ses pensées étaient ailleurs.

— L'abbé, montez chez mon frère, dit M. d'Arthenay : nous serons quittes de vous présenter tout-à-l'heure.... Veuillez en même temps l'avertir que nous l'attendons pour déjeuner.

— C'est inutile, dit une vieille servante qui apportait le chocolat : Monseigneur est parti depuis huit heures du matin.

— Où donc est-il allé, Marguerite ?

— Dame, Joseph m'a dit que sa voiture avait pris le chemin du séminaire. Il va sans doute dire bonjour à M. Léon.... Ce pauvre enfant, il y a deux ans que je ne l'ai pas vu, tout de même !

Marguerite sortit de la salle, en essuyant une larme avec le coin de son tablier.

Cette bonne femme était la nourrice de Léon. M. d'Arthenay l'avait amenée d'Allemagne, pour s'épargner les embarras d'un voyage avec un enfant de quatre ans, et l'avait conservée depuis, comme domestique, en voyant que Marguerite, qui était veuve et qui avait perdu sa fille au berceau, ne tenait pas à retourner dans son pays.

A l'époque de sa conversion, M. d'Arthenay avait menacé la vieille Allemande, laquelle était protestante, de la chasser de son service si elle n'embrassait pas le catholicisme. Ne voulant pas se séparer de son *fils de lait* (c'est ainsi qu'elle appelait Léon), Marguerite avait abjuré solennellement la religion de ses pères. Cependant, elle était toujours protestante au fond de l'ame ; car, un jour qu'elle s'apitoyait sur le sort du jeune homme, dont elle se regardait comme la seconde mère, elle s'oublia jusqu'à dire que c'était une *bêtise* de défendre aux prêtres de se marier. Ces imprudentes paroles, rapportées au marquis et à l'abbé Duval, avaient fait intimer à Marguerite la défense expresse d'aller voir Léon au séminaire, défense qui avait tiré bien des larmes des yeux de la pauvre nourrice et l'avait rendue moins catholique que jamais. Elle disait confidentiellement à Joseph, le vieux concierge, brave et fidèle serviteur, presque identifié avec sa loge et le château dont il faisait partie intégrante, que si elle allait encore à confesse à Pâques, c'était une *frime* pour dépister les soupçons du vieux marquis. Marguerite disait en outre, avec un accent de conviction qui eût ébranlé les plus incrédules, que M. d'Arthenay serait damné à tous les diables, pour vouloir faire un prêtre de son fils.

— Alors nous déjeunerons sans mon frère, dit le marquis en s'approchant de la table.

Il fit signe à madame de Verneuil et à l'abbé que leur tasse de chocolat les attendait, puis il ajouta d'un ton brusque :

— Voyons, Marie, laisse ton ouvrage.

— Je n'ai pas faim, mon oncle, répondit la jeune fille.

— Sans doute, dit le chapelain, l'abbé Duval invitera monseigneur à prendre une collation. Eh ! eh ! monseigneur fera maigre chère : c'est aujourd'hui vendredi, jour d'abstinence, et le supérieur est d'une austérité... Un saint homme que l'abbé Duval !

— Un hypocrite ! dit madame de Verneuil.

Le chapelain fit un signe de croix et le marquis, entendant ce blasphème, renversa sur lui tout le contenu de sa tasse en poussant une exclamation de surprise.

— Laisse-nous, ma fille, dit madame de Verneuil.

— Mon frère, continua-t-elle, lorsque Marie eut quitté la salle, n'exigez pas que je vous donne l'explication d'une parole qui vient de m'être arrachée par d'anciens et tristes souvenirs. Je ne veux pas troubler votre repos, en révélant une infamie, que vous ne croiriez pas sans doute, car l'abbé Duval a su prendre sur vous un ascendant qu'il serait difficile de combattre. J'ai toujours regretté que mon neveu fût sous la direction d'un pareil homme... Le malheureux enfant écoute toutes ses paroles comme si elles étaient dictées par le ciel. C'est l'abbé Duval qui le pousse vers un état qui, j'en suis convaincue, ne lui réserve qu'une vie de regrets et de sacrifices.... Dieu veuille qu'il soit meilleur prêtre que celui qui profite de son inexpérience pour tromper sa jeunesse!

— Sainte Vierge! que dites-vous là, ma sœur? s'écria le marquis, en regardant madame de Verneuil avec une étrange expression d'inquiétude.

— Je demande à M. le marquis la permission de me retirer, dit le chapelain en se levant. Je ne puis entendre plus long-temps calomnier un homme dont tout le diocèse connaît les mœurs austères et la sainteté.... Je prie madame de m'excuser si je n'ajoute aucune croyance....

— Mon Dieu, l'abbé, vous pouvez sortir, dit madame de Verneuil en lui indiquant la porte du regard.

Le chapelain resta.

— Mais, dit M. d'Arthenay, pourquoi donc commencez-vous, aujourd'hui seulement, à me tenir un pareil langage? Expliquez-vous, je vous en conjure.

— C'est parfaitement inutile, répondit madame de Verneuil. Si j'ai gardé le silence jusqu'alors, c'est que j'étais sûre que la réputation de sainteté de votre premier chapelain le mettait à l'abri de mes accusations... et j'avais d'ailleurs à me respecter moi-même !.... Je ne m'expliquerai pas davantage, mon frère. Gardez la bonne opinion que vous avez de l'abbé Duval.... Je l'ai qualifié d'hypocrite et je ne me rétracte pas !

— Vous ne l'avez jamais aimé, ma sœur ; je crains qu'il n'y ait beaucoup d'injustice dans les préventions que vous avez contre lui.

— Ne parlons plus de cet homme, dit madame de Verneuil avec un sentiment de dégoût : j'ai à vous entretenir d'autre chose, mon frère. Vous savez sans doute que ma fille a seize ans... Je ne lui crois pas plus de vocation pour se faire religieuse que mon neveu pour se faire prêtre...

— Que voulez-vous dire? s'écria M. d'Arthenay. Vous figurez-vous que je force Léon ?

— J'ai voulu dire ce que j'ai dit. Ce n'est pas en restant dans ce château, où vous ne recevez aucune société, que je recontrerai pour Marie un parti sortable... Je vais aller habiter Saint-D**.

— Vous me quittez? s'écria le marquis en tressaillant sur son siége.

— Ah! mon Dieu, que vais-je devenir ? ajouta-t-il avec un accent douloureux. Abandonner un pauvre vieillard que vous avez habitué à vos soins, qui ne peut plus se passer de vous... Ma sœur, ma sœur, vous voulez donc me faire mourir !

— Il est de fait que ce n'est pas délicat; dit le chapelain en faisant mine de s'essuyer les yeux.

— L'abbé, dit madame de Verneuil, tout à l'heure vous avez manifesté l'intention de sortir... Ce qu'il me reste à dire à mon frère n'a plus rien qui puisse vous intéresser.

Le chapelain se mordit les lèvres et se retira.

— Dieu pardonne à monseigneur d'avoir introduit cet abbé Duval dans votre maison, continua madame de Verneuil, car il y a apporté le trouble et le désespoir; il a détruit le bonheur de deux jeunes existences, le bonheur de Léon et de Marie qui s'aiment et qui vont être séparés pour toujours... — Oui, votre fils aime sa cousine! s'écria-t-elle, en voyant l'étonnement et la frayeur qui se peignaient sur la figure du vieillard. Et cet homme, entre les mains duquel vous avez placé l'avenir de votre enfant, lui persuade que cet amour est criminel et que la damnation serait le châtiment de sa faiblesse... Voilà pourquoi Léon se laissera demain traîner au sacrifice! Voilà la raison des larmes que vous avez souvent remarquées dans les yeux de Marie... Vous saviez pourquoi ces larmes coulaient : ne le niez pas, mon frère ! Mais vous n'avez jamais voulu me le laisser comprendre ; vous avez toujours éludé l'occasion de vous expliquer avec moi là-dessus.

— Hélas ! croyez bien, ma sœur, que si j'avais pu deviner... Oh ! ne vous éloignez pas de moi, je vous en supplie ! Bientôt je dois mourir ; vous n'avez plus long-temps à attendre, et Marie sera mon unique héritière, car Léon va renoncer aux biens de ce monde... Et qui donc aurait prié pour moi, grand Dieu, si mon fils n'avait pas embrassé ce saint état qui, chaque jour, lui donnera les moyens d'attirer sur ma pauvre ame la miséricorde du ciel ?

— Je pars demain ! dit madame de Verneuil, révoltée d'un égoïsme qui allait au delà du tombeau. Je désire seulement que Léon ne vous maudisse pas un jour, au lieu de prier le ciel pour vous... A chacun ses œuvres, mon frère! C'est folie de compter sur le mérite des autres pour racheter nos erreurs.

— Par mon saint patron! que vous ai-je fait pour me parler ainsi? s'écria le vieillard, en s'affaissant douloureusement sur le dossier de son fauteuil.

— Mais rien en vérité! reprit-elle avec amertume. Vous m'avez appelée près de vous; j'ai renoncé à mes plus belles espérances; je suis venue m'ensevelir dans une retraite obscure... Et lorsque, pour prix de mon dévouement, je ne vous demandais que le bonheur de ma fille, vous le rendez impossible... Je pourrais me consoler encore si Léon devait être heureux. Je vous quitte. Demain, ma fille et moi, nous viendrons vous faire nos adieux.

M. d'Arthenay n'eut plus la force de prononcer une parole, et madame de Verneuil se disposait à sortir, quand le vieux concierge entra tout éperdu dans la salle.

— Le bon Dieu nous protège! murmura-t-il, en tombant accablé sur une chaise. Monseigneur l'évêque nous ramène M. Léon dans sa voiture... Le pauvre jeune homme est sans connaissance ; il est blanc comme ce linge !

Joseph montrait la nappe qui recouvrait encore la table.

— Comment?... On le ramène à la veille de l'ordination ? s'écria M. d'Arthenay, qui se leva de son fauteuil par un mouvement plein de colère.

Le concierge regarda le marquis d'un air hébété... Il ne comprenait pas.

— Où dois-je faire porter M. Léon ? demanda-t-il.

— Chez moi, s'empressa de dire madame de Verneuil : qu'on le place sur mon lit ! car, depuis deux ans, il n'y a plus de chambre pour lui dans la maison de son père !

M. d'Arthenay retomba sur son siège, atterré

par le regard de mépris et d'indignation que sa belle-sœur, en sortant, dirigea sur lui. Un instant après entra l'évêque d'H***, accompagné de l'abbé Duval.

— A présent, monsieur le supérieur, dit l'évêque, voulez-vous m'expliquer, en présence de M. d'Arthenay, pourquoi j'ai trouvé mon neveu, presque mourant, délaissé sur un grabat dans l'infirmerie de votre séminaire?

— J'ai déjà fait connaître à monseigneur, répondit l'abbé Duval, que les paroles du malade avaient scandalisé ceux à la surveillance desquels je l'avais confié... Je ne suis nullement responsable de cet abandon.

— Mais ce pauvre jeune homme était dans le transport de la fièvre, et je n'accepte pas, monsieur, d'aussi frivoles excuses! Pourquoi n'avez-vous pas appelé un médecin? Comment se fait-il que, dans une maison dont la discipline sévère est reconnue, on ait abandonné un malade sans vous en avertir?... Dites plutôt que vous n'avez pas voulu que l'on entendît les paroles échappées à son délire... Moi, je les ai entendues, monsieur!

— Mon frère, continua-t-il, en s'adressant à M. d'Arthenay, saviez-vous que Léon n'entrait dans les ordres qu'avec répugnance? Saviez-vous qu'il aimait sa cousine?

— Je le savais, murmura le vieillard en regardant l'abbé Duval avec un sentiment inexprimable de terreur.

Ce dernier paraissait calme ; mais on devinait son angoisse à la pâleur de son visage et au tremblement convulsif de ses lèvres.

— Alors, poursuivit l'évêque, c'était pour vous obéir que votre fils allait se faire prêtre... Et vous, monsieur le supérieur, vous vous rendiez complice de cet acte coupable d'autorité paternelle?... M'expliquerez-vous enfin ce mystère?

— Je suis le confesseur de Léon, dit l'abbé Duval en croisant ses bras sur sa poitrine.

— C'est bien, monsieur... Mais ce n'est pas le confesseur que j'interroge. J'espère que vous me supposez assez de religion et de délicatesse pour croire que je ne vous demande pas les secrets de conscience de mon neveu. En qualité de supérieur, vous répondez, devant Dieu, de tout acte de violence exercé sur un de vos disciples, et ce n'était pas de sa propre volonté que Léon marchait à l'autel...

— Les portes du séminaire sont toujours ouvertes à ceux qui veulent en sortir.

— Et comptez-vous pour rien, s'écria l'évêque hors de lui, de frapper de terreur une jeune imagination ? de profiter de l'ascendant que vous donne le caractère sacré dont vous êtes revêtu, pour prêter à toutes vos paroles le poids d'un oracle du ciel ? pour menacer peut-être de l'enfer celui qui refuse de suivre la voie que vous lui tracez?... Oserez-vous me nier, monsieur, que ce ne soient pas là les moyens dont vous vous êtes servi sur l'esprit de Léon ?

— J'ai eu l'honneur de vous avertir que je dirigeais la conscience de votre neveu... Pardonnez-moi, monseigneur, si je garde un silence que je ne puis rompre sans crime, même pour repousser des inculpations qui me navrent le cœur... Elles sortent de votre bouche, et j'étais loin de m'attendre....

— Il est vrai, monsieur, qu'en vous présentant à mon frère, il y a dix ans, pour remplir dans ce château les fonctions de chapelain et continuer l'éducation de Léon d'Arthenay, j'avais en vous la plus entière confiance. Depuis cette époque, je ne suis venu ici qu'une seule fois et je vous ai vu exécuter avec zèle la mission que vous vous étiez imposée. Cependant, je dois le dire, il me fallait toute la bonne opinion que je m'étais faite de vous, pour ne pas redouter dès lors l'influence que vous aviez acquise sur l'esprit de mon frère et l'inexpérience de mon neveu.... Une seule personne ici n'était pas soumise à cette influence et paraissait même vous haïr.... Lorsque je vous demandai quelle était la cause de cette aversion, vous me répondîtes que les mœurs austères d'un prêtre pouvaient blesser madame de Verneuil, mais que vous ne laisseriez fléchir aucun de vos devoirs devant la frivolité d'une femme du monde.... Je n'avais rien à répondre à cela; je partis sans demander l'explication de cette haine à madame de Verneuil.

— Elle ne vous l'aurait pas donnée, dit le marquis. Ce matin même, l'abbé Duval était encore l'objet de ses attaques.... Elle jette des paroles en l'air, et voilà tout.

— Je vais parler à madame de Verneuil, dit l'évêque en se levant.

— Elle me calomniera, soyez en sûr ! s'écria l'abbé Duval dont le visage pâle se couvrit tout à coup d'une vive rougeur.

— Dieu veuille, monsieur, dit le prélat en le fixant d'un air indigné, que je n'aie pas à me repentir de vous avoir introduit dans la maison de M. d'Arthenay, et de vous avoir recommandé jadis à mon respectable confrère, l'évêque de ce diocèse ! Pourvu que mes soupçons ne se confirment pas, car ma fatale imprudence aurait confié au loup la garde du troupeau !

Le vieux marquis suivit son frère des yeux, et lorsqu'il fut assuré qu'il ne pouvait plus l'entendre, il s'écria :

— Bonne mère de Jésus ! qu'est-ce que tout cela veut dire ?

— Cela veut dire, monsieur le marquis, que les saints sont calomniés sur la terre ! La femme de Putiphar accusa le chaste Joseph, et l'on crut au témoignage de l'épouse impudique; vous devez me comprendre! Madame de Verneuil a toujours été mon ennemie, et Dieu sait sous quels ignobles motifs elle va déguiser sa haine!... Honte sur vous, monsieur le marquis, si vous ajoutez la moindre croyance à de perfides insinuations!... Ceux qui prêtent une oreille complaisante aux discours de l'impie, à ces langues envenimées qui s'attachent à la vie du juste pour la flétrir, ceux-là doivent s'attendre aux plus terribles châtimens dans l'autre monde, car ils auront ouvert leur cœur aux maximes des méchans, et les prières de l'Église descendront en vain sur leur tombeau!....

— Ah!.... mais c'est un parti pris, on veut me faire mourir! Comment! ils oseraient vous calomnier, vous, mon ami, mon cher directeur, qui m'avez réconcilié avec le ciel, vous dont j'ai tant de fois apprécié les vertus ?

— Que la volonté du Seigneur s'accomplisse ! dit l'abbé Duval en baissant les yeux : il n'éprouve que ceux qu'il aime....

— Tranquillisez-vous, je vous promets de ne rien croire, dit M. d'Arthenay en allant s'asseoir sur un siége voisin de celui de l'abbé. Mais d'où vient cette maladie de mon fils, précisément à la veille du jour où j'allais avoir le bonheur de le consacrer à Dieu ?

— Ruse infernale ! piége inspiré par Satan lui-même à cette femme qui n'est venue s'établir chez vous que pour y apporter le trouble et la désolation !... Elle a ménagé une entrevue entre Léon et sa fille. Le jeune homme, abandonné de la grace, n'a plus eu la force de lutter contre cet amour profane.... Dieu le rejette aujourd'hui de son temple.

— Infortuné que je suis ! Par quelle faute me suis-je attiré cette nouvelle douleur ?....

Qui priera pour moi, lorsque je serai mort?

— Hélas! Dieu vous châtie dans la personne de votre enfant. Vous avez besoin de la miséricorde d'en-haut, car vous avez été bien coupable, monsieur le marquis : les erreurs de votre jeunesse ne sont pas suffisamment rachetées par un tardif repentir.

— Je suis damné, n'est-ce pas? demanda M. d'Arthenay dont tous les membres tremblaient de frayeur. Oh! oui, je suis damné, à présent que je ne pourrai plus dire au juge suprême : « Mon fils est ministre de vos autels ; il expie mes crimes, en offrant tous les jours le saint sacrifice pour le repos de mon ame. » Oh! damné! répétait le malheureux marquis avec désespoir, brûler toujours! toujours ! ! !

L'abbé Duval avait un but en excitant ainsi pour la première fois les remords de M. d'Arthenay qu'il avait toujours entretenu, jusque là, dans la plus grande sécurité sur son salut.

— Non, monsieur le marquis, vous ne serez pas damné, lui dit-il en le relevant : car le vieillard s'était jeté à ses genoux ; mais il faut songer au purgatoire, où votre ame en peine aurait peut-être long-temps à gémir.... Il est des moyens d'expiation que l'Église approuve : vous pouvez disposer d'une partie de votre fortune...

— Oui, oui ! s'écria M. d'Arthenay qui saisit rapidement l'idée de son directeur, je déshérite mon fils et je donne mes biens aux pauvres !

— Il n'est pas nécessaire de déshériter M. Léon pour cela : je suis bien loin de vous le conseiller... S'il doit épouser mademoiselle de Verneuil...

— Je le déshérite, vous dis-je ! Je veux penser avant tout à mon salut !

— Notre séminaire n'est pas riche, observa l'abbé Duval. Ce serait une œuvre méritoire de venir au secours d'un établissement destiné à former de saints ministres de l'Évangile... Cependant si vous aviez d'autres intentions...

— Venez de suite chez mon notaire, dit le marquis avec empressement.

— Non, répondit le supérieur : on pourrait croire que je vous ai poussé vers une détermination que votre piété seule vous suggère. Allez, monsieur le marquis, et que la bénédiction du ciel vous accompagne.

— Parlez maintenant, madame de Verneuil, murmura le prêtre entre ses dents, en quittant le château. Je ne crains pas que vos paroles tardives et dénuées de preuves fassent tache à ma réputation; mais vous saurez toujours ce que peut la vengeance d'un prêtre !

IV.

RÉUNIS.

L'évêque d'H***, en se rendant au séminaire en habits de laïque, avait voulu se préserver de la bruyante et curieuse réception que la soutane violette et la croix pastorale lui eussent infailliblement attirée.

Il fit demander Léon et l'attendit au parloir,

sans faire prévenir le supérieur de sa présence. Bientôt on lui annonça que le jeune séminariste était retenu à l'infirmerie. S'étant fait alors conduire près du lit du malade, il fut également frappé de surprise et d'indignation, en voyant la gravité de la maladie et le délaissement complet où il trouva son neveu.

La veille, après la confession du jeune homme, le supérieur ayant entendu le bruit causé par la chute d'un corps lourd sur les dalles du corridor voisin, sortit précipitamment de sa chambre et se heurta contre son malheureux pupille étendu sans mouvement sur le pavé. Il le transporta lui-même à l'infirmerie et le confia aux soins de deux infirmiers.

Dans le courant de la nuit, l'abbé Duval fut réveillé en sursaut : on venait le prier de se rendre auprès du malade qui, dans le transport du délire, lançait des imprécations contre son confesseur et dévoilait son amour pour

Marie, au grand scandale des deux infirmiers que ces discours ne préparaient pas admirablement à l'ordination du lendemain. L'abbé Duval, après les avoir renvoyés, resta jusqu'au jour au chevet de Léon. A huit heures du matin, le voyant plus calme, il le quitta pour aller dire la messe de la communauté.

Ce fut à son retour qu'il trouva l'évêque essayant de calmer l'exaltation violente qui avait succédé à l'abattement passager du malade.

Le supérieur ne chercha pas d'excuses contre les reproches sanglans qui lui furent adressés, car les paroles qui s'échappaient alors de la bouche de Léon étaient accablantes : il n'eût fait qu'accroître les soupçons, en avouant qu'il avait éloigné les témoins et veillé seul pendant toute la nuit. L'évêque voulut conduire, à l'instant même, le jeune homme chez son père, ordonnant au supérieur de le suivre.

On porta le malade dans l'appartement de madame de Verneuil, où les soins les plus tendres lui furent prodigués. Le médecin déclara que la maladie, ne provenant que d'une vive affection morale, céderait promptement au repos et à la tranquillité d'esprit. La bonne tante, rassurée par ces paroles, éprouva presque de la joie d'un accident qui semblait lui rendre ses espérances ; et, sur ces entrefaites, l'évêque étant venu la prier de lui accorder un entretien particulier, elle sortit avec lui.

Marie, qui venait d'entrer, resta seule auprès de son cousin.

A demi cachée sous l'épais rideau cramoisi dont les franges retombaient sur sa blonde chevelure, la jeune fille contemplait, avec un mélange de bonheur et de tristesse, celui pour lequel son cœur avait ressenti les premières émotions d'amour, l'ami de son enfance, le compagnon de ces jeux bruyans qui tant de fois avaient troublé les échos endormis du sombre château. Elle abaissait son regard voilé de pleurs sur ce front, maintenant pâli par la souffrance, et qu'elle se souvenait d'avoir vu briller d'une joie sans nuage.

—Est-ce bien lui? disait-elle, à l'aspect des ravages que les chagrins et la maladie avaient opérés sur les traits de Léon. C'est donc ainsi que je devais le revoir, lui, dont le départ m'avait coûté tant de larmes amères?.... Mon Dieu, ne me le rendez-vous aujourd'hui qu'avec la crainte de le perdre pour toujours? Hélas! je n'avais pas espéré tant de bonheur, ni pressenti d'aussi cruelles alarmes.... Séparez-nous en ce monde, mon Dieu, s'il est vrai que vous destiniez Léon au service de vos autels; mais rendez-lui la santé, ne le laissez pas mourir sous mes yeux !

En entendant cette douce voix prier à son oreille, Léon tressaillit et se leva sur son séant. Il ne vit pas la jeune fille : elle avait laissé retomber le rideau et s'était retirée à l'écart, dans la crainte que sa présence ne causât au malade une impression trop vive.

— Oh! murmura-t-il, c'était donc un rêve? J'avais cru l'entendre là, près de moi.... Marie! Marie!.... Mais non, c'était un rêve!

Le visage de la jeune fille s'illumina d'un rapide éclair de joie, car il lui sembla que son cousin n'était plus agité par le délire. Elle mit sa main sur son cœur et tourna ses grands yeux bleus vers le ciel. Il y avait dans ce regard toute la sérénité de la prière d'un ange, toute la reconnaissance dont son ame était remplie pour Dieu qui venait d'exaucer ses vœux. Palpitante de bonheur et d'espoir, et saisissant avec avidité chacune des paroles qui sortaient de la bouche de Léon, elle se penchait, respirant à peine, vers ce lit qu'elle craignait tout à l'heure de voir se changer en un lit de mort.

— Cependant, disait le jeune homme, c'était bien la voix de Marie, cette voix que j'ai entendue au parloir, lorsqu'elle me reprochait de ne plus l'aimer.... Marie !.... Où suis-je, mon Dieu, que je viens de l'entendre encore ?

Il écarta les rideaux et regarda autour de lui.

— Cette chambre, je la reconnais : je suis chez mon père. Chez mon père ? c'est impossible.... Hier encore, je me confessais au supérieur qui m'ordonnait d'oublier Marie. J'ai reçu l'absolution.... ensuite.... plus de souvenirs !.... Et maintenant cette chambre, la voix de Marie ! Oh ! c'est une illusion de l'enfer !

— Mon ami, calmez-vous, s'écria la jeune fille en paraissant aux yeux du malade qui s'arrêtèrent sur elle avec stupeur. Léon, pourquoi me regarder ainsi?.... C'est moi! Vous êtes dans la chambre de ma mère.... Mon Dieu, ne voulez-vous donc pas me reconnaître? Tiens, vois-tu, je pleure, parce que je suis heureuse de te revoir. Je priais, là, pendant ton sommeil.... Souffres-tu beaucoup, mon ami?.... Mais c'est moi, va, c'est bien moi!

— Marie !!!

— Oui, tiens, j'étais là.... Je remerciais le ciel, parce que tu n'es plus dans le délire comme ce matin, quand on t'a rapporté malade, bien malade.... Mais tu es mieux à présent, beaucoup mieux ; tu ne nous quitteras plus : nous te rendrons à la santé, au bonheur....

— C'est elle, mon Dieu ! ce n'est pas un rêve ! Marie, ma douce Marie !... Ah ! laisse-moi, nous ne devons être unis qu'au ciel ;

il m'est défendu de t'aimer sur la terre.... On m'attend à l'ordination, Marie, laisse-moi partir !

— Mais tu ne m'as donc pas entendue? s'écria-t-elle avec angoisse. Ne viens-je pas de te dire que tu étais malade?.... C'est ton supérieur lui-même qui t'a conduit ici.

— Lui? demanda Léon d'une voix si basse que ses paroles arrivaient à peine à l'oreille de la jeune fille. Non, Marie, tu es dans l'erreur : il ne m'aurait jamais ramené près de toi ; car il sait que je t'aime ; il m'a répété trop souvent que mon amour était coupable. Sais-tu qu'il m'a menacé d'une éternelle damnation, si je n'étouffais pas cet amour?.... Et pourtant je t'aime encore, misérable fou que je suis ! Quand je te vois si belle, que j'admire ton œil bleu, ta soyeuse chevelure, que je presse ta main blanche.... Eh bien ! Marie, ce sont autant de fautes dont il faudra que je

m'accuse demain, aujourd'hui peut-être....
Car si j'allais mourir !

— Oh ! non, tu ne mourras pas, non, non !

— Tu pleures, Marie, tu pleures ? et c'est moi qui te cause du chagrin.... Que t'ai-je dit, mon Dieu, pour te faire ainsi pleurer ? Pardonne-moi, mon amie ; j'ai eu tant à souffrir depuis hier ! toutes mes idées se confondent dans ma pauvre tête. Attends.... J'étais dans la cellule du supérieur, où je me confessais à genoux. Devant mes yeux pendait un grand crucifix, dont je croyais sentir le sang couler sur mon front.... J'avais froid, je tremblais. Cependant, Marie, j'ai eu le courage, malgré mes terreurs, d'élever des doutes sur ma vocation ; j'ai dit à mon supérieur que je t'aimais toujours, que j'étais indigne du sacerdoce, puisque je ne pouvais effacer ton image de mon cœur.... A tous mes cris de désespoir, il répondait qu'il fallait t'oublier et prononcer des vœux qui devaient placer entre nous une barrière éternelle. Je t'avais revue au parloir : c'était un crime dont l'absolution me purifia... Je sortis... Mais j'ignore ce que je devins ensuite. Seulement il me souvient qu'une main de fer tortura mon cerveau ; je vis passer devant moi des figures infernales. Les démons m'emportaient dans l'abîme, car j'avais maudit mon confesseur qui me séparait de toi.... Et puis il me sembla qu'un ange vint me retirer du gouffre ; je me sentis ramener sur la terre ; on me déposa, souffrant et brisé, dans un lieu qui m'était inconnu.... C'est alors que j'ai entendu ta voix au milieu de mon sommeil, ta voix qui ressemblait à celle de l'ange qui m'a sauvé !.... Mais dis-moi, puisque je suis ici, chez mon père, que je puis te regarder et t'entendre.... je ne serai donc pas prêtre ?

— Non, mon ami, dit madame de Verneuil

qui revenait auprès de son neveu, après avoir laissé l'évêque prendre les mesures que lui avait dictées sa confidence, désormais tu resteras avec nous....

— Ma tante ! Marie !.... tous ceux que j'aimais !

— On voulait t'arracher de nos bras, pauvre enfant ; mais la Providence est venue à notre aide : elle m'a fait trouver un homme qui a bien compris que mes révélations n'étaient point calomnieuses, un saint prêtre, celui-là, Léon ! ton oncle, monseigneur l'évêque d'H***, qui venait ici pour assister à ton ordination, et qui t'a retiré lui-même des mains de celui qui abusait ta jeunesse, de l'infâme qui t'avait presque mis aux portes du tombeau !

— Mes enfans, ajouta madame de Verneuil en pressant Léon et Marie contre son cœur, vous vous aimez.... rassurez-vous, vous serez unis !

— Marie !... j'épouserais Marie !

— Léon, mon fils, car ce nom, pouvoir te le donner un jour était ma plus douce espérance, tu vas être raisonnable, n'est-ce pas? Ta santé nous a fait concevoir des craintes qui sont heureusement dissipées... Mais il te faut du repos...

— Ne craignez rien, ma bonne tante, je suis guéri! s'écria le malade en portant une main sur son cœur : tout mon mal était là !... Maintenant que je suis heureux, je ne souffre plus. Marie, ma chère cousine, tu seras ma femme !... Merci, mon Dieu, merci !... Mais viens donc là, plus près de moi... Ta main, que je l'embrasse! Comme tu es devenue belle! Oh! maintenant je pourrai du moins t'aimer sans crime : personne n'osera plus nous séparer...

— Mais, ajouta Léon dont les traits exprimèrent aussitôt la plus vive inquiétude, M. d'Arthenay n'est pas ici... je n'ai pas encore vu mon père!

Madame de Verneuil et sa fille se regardèrent et pâlirent. L'émotion qui les avait agitées jusqu'alors ne leur avait pas permis de remarquer l'absence du vieillard, et cette conduite de M. d'Arthenay devait au moins leur paraître étrange.

— Il ne vient pas me voir! poursuivit le jeune homme avec tristesse: cependant il ne doit pas ignorer l'état où je me trouve. Ah! voilà ce qui aggravait encore le poids que j'avais sur le cœur! Jamais mon père ne m'a témoigné d'affection ; sa froideur à mon égard a toujours repoussé ma confiance... Mon père ne m'aime pas!

—Mais nous t'aimons, nous! s'écria la jeune

fille, en effleurant de ses lèvres le front pâli de son cousin.

— Et ne suis-je pas ta mère? dit madame de Verneuil.

— Oui, vous êtes ma mère!... Ma mère, Marie, aimez-moi, car mon père ne m'aime pas!

Quelques heures se passèrent, heures d'épanchement intime, pendant lesquelles le jeune séminariste oublia son mal, ses chagrins, le despotisme religieux qui les avait fait naître, pour se livrer à toutes les joies d'une réunion dont, la veille encore, il n'eût pas osé concevoir l'espérance. Madame de Verneuil allait sortir pour s'informer des raisons qui pouvaient empêcher M. d'Arthenay de se rendre auprès de son fils, lorsque la porte de la chambre s'ouvrit subitement... Un jeune homme en soutane vint se précipiter au cou de Léon.

— Arthur! comment, c'est toi? dit le malade en pressant avec transport la main de son condisciple. Tu as donc obtenu la permission de venir me voir?...

—Ah bien oui! cette permission, je l'ai prise parce qu'on ne me l'aurait pas donnée. J'ai voulu te parler d'abord, sauf à réfléchir ensuite aux dangers de mon escapade... car c'est une infamie, ma parole d'honneur!

— Est-ce un reproche que tu m'adresses, Arthur? Tu sais donc que je renonce...

— Oui, je sais tout... et bien d'autres choses, ma foi! Mais te faire des reproches?... allons donc! Au contraire, je te félicite, et, qui plus est, je vais suivre ton exemple et jeter, à mon tour, le froc aux orties!

— Tant mieux! s'écria Léon, qui sentit s'évanouir son dernier scrupule, en voyant son ami prendre aussi franchement une résolution : du moins nous pourrons encore suivre la même carrière...

—Celle du barreau ; nous serons avocats... Qu'en dis-tu ?

—Oui, oui, plus de soutane...

— Et surtout, reprit Arthur, plus de tricorne!... Ah! ciel, la hideuse coiffure ! Et dire que je l'ai placée sur mon chef de gaîté de cœur ! Mon père voulait que je prisse son commerce, comme si j'étais d'un tempérament à m'ensevelir dans un magasin et à pâlir, du matin au soir, sur des écritures. Voilà pourquoi je suis entré au séminaire... Une folie de jeune homme, ajouta-t-il, en se tournant vers madame de Verneuil et Marie...

Il les salua toutes deux avec une aisance de manières et une galanterie qui contrastaient singulièrement avec son costume :

— Un véritable coup de tête, mesdames, un enfantillage!... Et figurez-vous, continua-t-il en riant, que demain j'allais recevoir la tonsure. C'est une cérémonie sans conséquence; j'aurais envoyé à mon père les cheveux tombés sous le ciseau sacré : le brave homme n'aurait pas manqué de jurer de tout son cœur contre ce qu'il appelle mes fantaisies de jésuite. Il aimerait mille fois mieux me voir déclamer à la barre que du haut de la chaire évangélique, et je vous assure qu'il sera tout joyeux, aujourd'hui, de me voir préférer la toge à la soutane. C'est une chose arrêtée, je quitte la bande noire, je déserte ! Et ce n'est pas sans raisons. Outre celles que je viens de vous communiquer, il en est d'autres que je veux vous faire connaître... A toi surtout, Léon, qui es la victime d'une infâme rouerie...

Un signe de madame de Verneuil fit comprendre au jeune fugitif que le malade avait besoin de ménagement.

—Je reviendrai demain, dit Arthur à son

ami, qui l'interrogeait par un regard plein d'inquiétude : tu seras plus en état de m'entendre, et nous aviserons aux moyens d'empêcher une injustice révoltante.

— Mais on veut donc me faire rentrer au séminaire? s'écria Léon.

— Est-ce que tu plaisantes? dit Arthur, en l'obligeant à se recoucher sur son oreiller. Tu n'es pas plus fait que moi pour être prêtre. Ton seul tort a été de prendre l'affaire au sérieux et de te rendre malade, au lieu de dire NON une bonne fois... Demain, tu sauras tout.

— Pourquoi pas aujourd'hui?

— Parce qu'il est tard, et qu'il faut d'ailleurs que tu me prêtes des habits pour retourner chez mon père : je veux lui causer une agréable surprise.

— Marguerite te donnera ceux que je portais il y a deux ans.

— Délicieux! Le pauvre homme est dans le

cas de m'étouffer dans le transport de sa joie... Adieu, mon ami. Ta convalescence ne sera pas longue : dès que tu seras sur pied, nous irons à Paris commencer notre cours de droit... A demain.

Arthur glissa quelques mots à l'oreille de madame de Verneuil, et celle-ci s'empressa de passer avec lui dans une autre pièce.

V.

UN SAUT EN ARRIÈRE.

L'intelligence de cette histoire veut que nous remontions à quelques années en deçà de l'époque où se passent les événemens que nous venons de rapporter. L'imagination du lecteur voudra donc bien se représenter nos personnages sous un aspect différent de celui sous lequel ils lui sont apparus jusqu'ici.

Léon n'était alors qu'un enfant de douze ans, espiègle comme un collégien, et beaucoup moins disposé à griffonner force thèmes et versions qu'à saisir le moment de s'échapper avec Marie pour s'égarer, en courant, dans les avenues du parc. M. d'Arthenay, vieillard encore vert, et presque entièrement rajeuni par le calme heureux qui suit une conversion, se livrait alternativement à l'*exercice* de la chasse et à celui des devoirs religieux qu'il s'était imposés. Quant à madame de Verneuil, elle commençait à ne plus regretter la position brillante dont l'avaient privée la mort de son mari et la perte de sa fortune. Jeune, car elle n'avait que vingt-quatre ans; belle de pâleur et de mélancolie, sous les habits de deuil qu'elle avait résolu de conserver toujours, elle consacrait tous ses instans à l'éducation de Marie, se trouvant heureuse de voir grandir, comme une fleur de la solitude, cette enfant pour laquelle elle avait rêvé jadis un avenir de luxe et d'opulence, et qu'elle se félicitait alors d'élever, loin du monde, pour une douce médiocrité.

Mais le bonheur de madame de Verneuil devait être troublé par un événement inattendu, dont le résultat fut pour elle une longue suite de chagrins et d'ennuis.

Elle, qui ne voulait plus aimer, se vit poursuivie par l'amour criminel d'un homme dont la conduite paraissait pure aux yeux de tous. Cet homme avait le talent de ne laisser comprendre sa passion qu'à celle qui la lui avait inspirée. Abritant son hypocrisie sous un habit de prêtre, il savait exprimer ses désirs par d'impudiques regards, et voiler, l'instant d'après, son œil brillant de luxure, lorsqu'un témoin pouvait y lire son coupable amour.

Madame de Verneuil ne pouvait lancer aucune accusation contre l'abbé Duval, car il ne lui avait jamais autrement déclaré sa passion qu'en la forçant à fuir devant ces regards qui semblaient détacher, pièce à pièce, tous les voiles de la pudeur, pour la livrer pantelante, éperdue, à ce sale amour de prêtre... Elle sentait trop que l'on crierait au mensonge, si jamais elle osait élever le moindre soupçon contre un homme qui s'était acquis une inattaquable réputation de vertu.

Souvent, lorsqu'elle avait été sur le point d'éclater, l'abbé Duval avait donné subitement à la conversation une tournure si morale et si pieuse, qu'elle s'était prise à douter d'elle-même, la pauvre femme ! Les paupières du prêtre, d'où venait de jaillir un éclair de passion, se trouvaient fermées par la modestie; ses lèvres, qui lui avaient envoyé audacieusement un baiser, murmuraient des paroles

pleines d'onction et de charité chrétienne....
Vaincue dans cette lutte infernale, madame de
Verneuil prenait alors sa fille entre ses bras et
courait se réfugier dans son appartement où
elle pleurait de colère et d'impuissance.

Et l'abbé Duval disait à M. d'Arthenay surpris de ce départ précipité :

— Nos pieux entretiens fatiguent votre
belle-sœur : je crains fort qu'elle ne néglige
son salut... Ce soir, monsieur le marquis, nous
prierons Dieu pour elle.

Est-il une souffrance plus atroce, une humiliation plus révoltante pour une femme, que
d'avoir continuellement sous les yeux un
homme qui la force à rougir, sans qu'elle
puisse lui rejeter à la face l'infamie de ses désirs et de ses pensées ? Un homme qu'elle rencontre à chaque heure du jour, qu'elle est
forcée de recevoir chez elle, lorsqu'il n'y vient,
elle le sait, que pour souiller les détails de sa

vie, et couver, de son œil fauve, les mystères d'intérieur de celle qu'il a désignée pour sa victime... surtout lorsque cet homme est un prêtre et que la crainte d'un scandale, jointe à la presque certitude de n'être pas crue, livre sans défense la malheureuse femme aux ignobles tentatives d'une séduction qui marche dans l'ombre?

L'hypocrite s'était aperçu du mépris et de la haine avec lesquels on accueillait son amour; mais il savait en même temps qu'il était impossible de le perdre dans l'esprit du marquis. Il ne renonça donc pas à l'espérance de posséder une femme dont l'esprit et la beauté avaient allumé dans son cœur une passion qu'il avait trop long-temps combattue en vain, pour ne pas la satisfaire à tout prix, quand même elle ne serait point partagée. Il changea de système et reprit, envers madame de Verneuil, la froide réserve qu'il lui avait témoignée d'abord; il s'excusa de suivre M. d'Arthenay dans l'appartement de sa belle-sœur, chez laquelle on faisait la partie tous les soirs,... et les habitans du château furent bientôt instruits que le chapelain se préparait, par un redoublement de ferveur, à une retraite générale qui s'ouvrait au séminaire pour tous les prêtres du diocèse.

En prévenant le marquis qu'il allait faire une absence de huit jours, l'abbé Duval parla si éloquemment de la nécessité, où se trouvait un prêtre, de se prémunir contre le danger de vivre dans le monde, en allant, chaque année, retremper sa foi dans le silence et la méditation, que madame de Verneuil, présente à cet entretien, crut à un véritable repentir et se félicita intérieurement de n'avoir rien dévoilé à M. d'Arthenay.

Tout se réunissait pour la confirmer dans sa croyance. Depuis cinq jours l'abbé Duval était absent, et le marquis assistait tous les matins au discours de la retraite. (Car, ainsi que nous l'avons déjà dit, le séminaire n'était qu'à une demi-lieue du château.) A son retour, M. d'Arthenay ne tarissait pas en éloges sur son chapelain qu'il présentait comme un modèle d'édification.

Un soir que Marguerite avait mis au lit les enfans plus tôt que de coutume, parce que Marie s'était endormie sur les genoux de sa mère et Léon sur son thème à moitié terminé, le marquis dit à madame de Verneuil :

— Croiriez-vous, ma sœur, qu'il couche sur une planche et prend à peine assez de nourriture pour soutenir sa vie?... Il se déchire le corps avec une discipline garnie de plomb.

— Qui cela, mon frère ?

— Notre digne chapelain.

— Il vous a donc dit lui-même....

— Non vraiment.... Mais le curé de Saint-Pierre m'a certifié qu'il avait vu des gouttes de sang sur le pavé de la cellule de l'abbé Duval. Grand Dieu ! si les saints s'abandonnent à de pareilles austérités pour expier des fautes légères, que deviendrons-nous, malheureux pécheurs ?

— Mais qui peut vous répondre, mon frère, que ces austérités ne rachètent pas une faute cachée, bien grave peut-être !

— Ah ! ciel, que dites-vous ? s'écria le marquis indigné. Ne craignez-vous pas qu'une pareille supposition soit immédiatement punie de Dieu qu'elle outrage dans la personne de l'un de ses saints ?... Rétractez cette parole impie, ma sœur : elle vous serait reprochée au jour du jugement. Mon bon ange me préserve de penser qu'un aussi vertueux directeur ait la conscience tachée d'une faute mortelle.... Une voix d'en-haut me le dirait que je le croirais à peine.

— Pardonnez-moi, mon frère, je reconnais l'imprudence de mes paroles, s'empressa de dire madame de Verneuil.

Elle était plus que jamais convaincue que M. d'Arthenay ne changerait pas d'opinion sur l'abbé Duval, même en face des preuves les plus évidentes.

— Si vous le connaissiez comme moi, ma sœur!.... Je dois tout à ce saint prêtre, le pardon de mes crimes, le bonheur et la tranquillité de mes vieux jours. Ses mortifications et ses prières fléchissent le Seigneur irrité par les débordemens de ma jeunesse.... Heureusement mon fils ne donnera pas dans les mêmes écarts que moi, grace à l'éducation religieuse qu'il reçoit de l'abbé Duval.

Là-dessus, le marquis se renversa contre le dossier de son fauteuil, et, les coudes mollement appuyés sur les coussins en velours d'Utrecht, il joignit les mains et leva les yeux au plafond,.... pantomime qui avertissait madame de Verneuil de commencer la prière du soir : l'absence de l'aumônier lui valait cette fonction.

— Ne vous scandalisez pas, ma sœur, si je ne prie pas à genoux. Vous savez qu'une douleur rhumatismale m'en empêche : mon directeur m'a ordonné de rester assis.

La prière terminée, madame de Verneuil se retira chez elle, entièrement persuadée du repentir de l'abbé Duval, et disposée à lui pardonner une erreur qu'il expiait par une pénitence si rigoureuse.

Elle ouvrit une fenêtre qui donnait sur le parc.

Pendant tout le jour, l'atmosphère avait été brûlante et de fréquens éclairs sillonnaient l'horizon. Cependant le ciel était pur, et la lune reproduisait son disque éblouissant et son cortége d'étoiles dans les eaux de l'étang voisin. On entendait au loin le bruissement des sapins de la montagne. L'Ormont, ce géant des Vosges, s'élevait comme un immense catafalque, dont le rideau noir tranchait sur l'azur et semblait poser la limite qui sépare la terre du ciel, la tombe de la vie, la matière de l'immortalité.

Celui qui n'a jamais admiré la nature qu'aux environs des villes où la main de l'homme flétrit sa virginité primitive, en la forçant à plier sous la bizarrerie du caprice et la dépravation du goût, ne comprendra jamais tout ce que nos montagnes ont de religieux silence et de sublimes beautés.

Lorsqu'une belle nuit vient étendre sur le front de ces pics gigantesques son voile parsemé d'étoiles scintillantes, que les rayons de la lune glissent sur les chaumières et font étinceler les ruisseaux de la vallée ; lorsqu'on n'entend d'autre bruit que la plainte du vent dans les forêts ou le murmure d'une cascade qui sort, en filets d'argent, de la crevasse d'un rocher, c'est alors que l'ame, déployant ses ailes, plane, rêveuse et solitaire, sur les ruines du monde matériel, pour élever ensuite son vol vers le Créateur.... C'est alors que Dieu nous donne un de ces rapides instans de délices, où le cœur, devenu sincèrement religieux, ne pleure plus ses illusions évanouies ni ses éphémères jouissances.

Madame de Verneuil, appuyée sur la grille du balcon, ne se lassait pas d'admirer cette sauvage et belle nature des montagnes. Elle se passionna d'abord pour le mystérieux spectacle qui se déroulait devant ses yeux, se laissant emporter dans l'espace à la suite des mondes et croyant assister à une scène de la création. Puis son enthousiasme fit place à une douce et mélancolique rêverie ; elle envisagea le passé sans regrets et l'avenir sans alarmes. L'avenir, pour elle, était le bonheur de sa fille, encore enfant, et qu'elle parait d'avance de tous les attraits de la jeunesse. Elle attachait une couronne blanche sur le front pur de Marie, et souriait à Léon qui conduisait à l'autel sa charmante fiancée. S'asseyant ensuite près du lit de la jeune mère, elle caressait, dans son rêve, la blonde et gracieuse figure d'un enfant au berceau...

Mais un pressentiment douloureux vint se mêler à ces espérances de bonheur. Il lui sembla qu'une main sacrilége étendait un voile de deuil sur ses joies de famille, et le visage menaçant d'un prêtre lui apparut au milieu des riants fantômes que son imagination se plaisait à créer. En vain madame de Verneuil, se rappelant l'entretien qu'elle venait d'avoir avec le marquis, réunit-elle tous les motifs propres à dissiper les craintes qu'elle avait conçues au sujet de l'abbé Duval : malgré tous ses efforts, elle ne parvint pas à chasser la vague terreur qui venait d'envahir son ame, et resta sous l'influence d'une profonde tristesse.

Comme pour confirmer, par un sinistre présage, ses désolantes prévisions, le ciel se couvrit tout à coup de sombres nuages ; le vent se prit à mugir dans les gorges des montagnes, ébranlant la cime des pins séculaires et soulevant en tourbillons le sable de la vallée. La nue, qui pesait immobile sur le sommet de l'Ormont, se déchira sous de rapides éclairs, et la foudre gronda, majestueuse et terrible. Ses roulemens répétés d'une montagne à l'autre, d'échos en échos, se confondaient avec les sifflemens aigus des sapins, le son lugubre des cloches de tous les hameaux d'alentour et les cris d'épouvante des malheureux dont le vent découvrait les chaumières.

Dans ce bouleversement subit de la nature, succédant au calme d'une belle soirée de septembre, madame de Verneuil voyait une prédiction de la destinée qui l'attendait. Morne et silencieuse, elle ne sentait pas le vent d'orage qui faisait flotter sa chevelure, ni les larges gouttes de pluie qui tombaient sur son front.

C'est que, à l'approche d'un malheur, l'ame éprouve toujours un saisissement involontaire que la raison voudrait en vain discuter. Est-ce vous que la fatalité menace? est-ce une personne qui vous est chère? Vous l'ignorez; mais une voix intérieure vous crie de vous tenir en garde. Est-ce aujourd'hui que le coup doit frapper? sera-ce demain? Vous l'ignorez encore; mais le pressentiment est là, qui d'avance vous serre le cœur... Et lorsque vous avez subi votre inévitable destin, vous pouvez dire avec un amer sentiment de désespoir et d'impuissance : « Je m'y étais attendu ! »

Cependant l'orage redoublait de violence et madame de Verneuil restait exposée aux rafales de la tempête, comme si une puissance fatale et irrésistible l'eût empêchée de s'y soustraire. Tout à coup un cri perçant s'échappa de sa poitrine... A la lueur d'un éclair, elle venait d'apercevoir un homme se glisser sous les arbres du parc et s'approcher du château.

Cet homme, elle l'avait reconnu... Mais n'était-ce pas une illusion? pouvait-elle en croire le témoignage de ses sens?

Cramponnée au balcon, en dehors duquel elle se penchait au risque de sa vie, elle essayait de percer les ténèbres pour s'assurer de la réalité de sa vision, invoquant de nouveau la clarté des éclairs, prêtant l'oreille au moindre bruit qui lui semblait causé par la marche de quelqu'un... Puis, haletante, éperdue, cédant à un instinctif mouvement d'effroi, elle s'élança vers la porte pour la fermer : il était trop tard !

Un nouvel éclair lui montra l'abbé Duval, et, cette fois, il était debout au milieu de la chambre.

— Au secours ! à moi ! s'écria-t-elle.

Mais le bruit de la foudre étouffait ses cris. Elle courut au balcon : le prêtre l'avait prévenue et venait de fermer la fenêtre. Alors madame de Verneuil se précipita du côté de la porte : en entrant il avait retiré la clé. Elle frissonna des pieds à la tête et dit avec désespoir :

—Au nom du ciel ! que venez-vous faire ici?

L'abbé ne répondit pas. Il se dirigea vers la cheminée, prit un briquet qu'il trouva sans peine et alluma une bougie. Toujours sans dire un seul mot, il s'approcha de madame de Verneuil, la conduisit sur un siége et s'assit près d'elle, en la fixant avec la joie du vautour qui tient sous sa griffe la pauvre alouette que, du haut des nues, son œil perçant a découverte dans le sillon. Enfin il se décida à prendre la parole.

— Ma visite doit vous surprendre, madame, surtout à une pareille heure et par ce temps détestable, dit-il, en montrant sa soutane mouillée par l'orage. Mais je voulais avoir avec vous une explication qui n'eût d'autre témoin que Dieu. Vous dire par quels moyens je suis arrivé jusqu'à vous, ce qu'il m'a fallu de constance... et d'hypocrisie, tranchons le mot! pour n'éveiller aucun soupçon, serait perdre un temps précieux. Dans tout cela, madame, ainsi que dans les mesures que je viens de prendre pour vous empêcher de faire un éclat, je n'ai eu d'autre but que de mettre à couvert ma réputation de prêtre... Aussi restera-t-elle intacte ; et si, demain, vous accusiez l'abbé Duval d'avoir pénétré dans votre chambre, persuadez-vous bien que vos paroles n'obtiendraient aucune croyance; qu'aux yeux de tous, à l'heure où je vous parle, je suis dans ma cellule, et que, dès le point du jour, on me trouvera scrupuleusement exact aux exercices de la retraite.

— Mais c'est infâme! s'écria madame de Verneuil, anéantie à la vue du sang-froid avec lequel cet homme méditait son crime.

—C'est adroit, voilà tout.... Oh! vous pouvez sonner, madame : personne ne viendra !

— Tenez, continua-t-il, en tirant lui-même avec force le cordon d'une sonnette, elle ne rend aucun son... J'ai tout prévu.

A l'approche du danger qui la menaçait, madame de Verneuil, bien que glacée d'horreur, sentit la nécessité de reprendre du calme.

Elle revint s'asseoir en face du prêtre, et lui lançant un regard méprisant :

— Vous allez m'expliquer, monsieur, lui dit-elle avec hauteur, ce qu'il peut y avoir de commun entre vous et moi.

— D'abord je vous fais observer, madame, qu'il ne se trouve ici qu'un homme et qu'une femme. Si quelqu'un peut s'arroger le droit de parler en maître...

— Je vous comprends, monsieur. Vous m'avez isolée de tout moyen de défense, et vous comptez employer la force pour triompher de mon dégoût... Vous avez lâchement calculé sur la faiblesse d'une femme...

— Élise, Élise! ne m'outragez pas! s'écria le prêtre, en faisant un geste qui tenait à la fois de la menace et de la prière.

— Madame de Verneuil, révoltée de l'effronterie avec laquelle il venait de franchir la borne des convenances et d'amener l'entretien sur le ton de la familiarité, recula violemment son siége... Mais lui se traîna jusqu'à ses genoux.

— Ah ! si vous saviez combien je vous aime ! si vous saviez de quelles larmes brûlantes j'ai baigné ma couche solitaire, avant qu'un premier regard vous eût fait connaître ma passion... Élise, si vous saviez cela, vous auriez pour moi de la pitié et non de la haine ; vous me diriez de douces paroles dont le baume fermerait la plaie saignante de mon cœur... Est-ce donc ma faute si votre vue a troublé mes sens; si, après quinze années de combat, mes passions se sont réveillées plus indomptables et plus terribles; si, plutôt que de renoncer à votre amour, je vendrais mon ame à l'enfer pour acheter, au prix d'une éternité de souffrances, une heure de délices entre vos bras?... Oh! madame, est-ce qu'il n'y a pas dans votre cœur un sentiment de compassion pour tant d'amour ? Est-ce que rien ne vous dit que cet homme, qui se traîne à vos pieds, éprouve plus d'angoisses et de douleurs qu'il n'a été possible à Dieu d'en inventer pour punir un damné ?.. Et cependant vous ne me témoignez que du mépris; vous fuyez à mon approche comme si j'étais un objet d'horreur... Ah ! c'est que je n'ai jamais su ce qu'il fallait dire à une femme pour s'en faire aimer ! Quand j'étais sur le point de vous déclarer mon amour, je sentais la parole expirer sur mes lèvres... Alors je vous parlais du regard, et je vous effrayais, Elise; vos yeux ne m'exprimaient que de l'aversion. Hélas ! vous dire ce que j'ai souffert, ce que je souffre encore, à présent que mes larmes vous trouvent sans pitié, c'est impossible !... Un mot, un seul mot d'amour, Elise !... Je vous aime !

— Arrière, prêtre sacrilége !.... Ne m'approchez pas !

— Oui, sacrilége.... car pour vous je n'ai reculé devant aucune profanation, j'ai monté à l'autel avec mes remords... Fatalité! Pourtant je priais Dieu d'étouffer les désirs impurs de mon cœur, d'éloigner ces fantômes de volupté qui, même au milieu des saintes fonctions de mon ministère, venaient tourbillonner dans mon cerveau, me rendre fou.... C'était en vain! J'ai dû céder, en dépit de mes promesses au ciel, malgré la voix de ma conscience qui me criait : « Tu es prêtre ! » Cette voix, je l'ai fait taire, pour caresser votre séduisante image, pour la conduire avec moi dans la solitude et la couvrir de brûlans baisers... Mais ces rêves d'un plaisir ignoré bientôt ne me suffirent plus : il me fallait vous faire connaître mon amour, vous décider à le partager.... C'est alors que je devins hypocrite. Moi qui aurais versé tout mon sang, pour obtenir de vous un regard de tendresse, j'ai reculé devant le mépris du monde, devant la honte de l'interdit ; je n'ai pas voulu que vous pussiez publier mes aveux, qu'en perdant l'espoir d'être aimé, je perdisse tout avec cette espérance.... Elise, Elise, il faut que vous soyez à moi ce soir ! Ce soir, entends-tu ? car près de toi, mon sang bouillonne, ma tête brûle.... Je t'aime ! je t'aime !

Ses bras essayèrent d'entourer madame de Verneuil ; mais elle recula jusqu'à l'autre extrémité de la chambre, comme si elle eût marché sur une vipère.

— Je t'aime ! répétait l'abbé qui se traînait avec désespoir à deux genoux, et dont les traits étaient empreints d'une effrayante pâleur.

— Et moi, je te hais, prêtre ! s'écria madame de Verneuil. Eloigne-toi, car je te ferais une marque au visage, à laquelle on pourrait demain reconnaître ton crime ! Je te hais à cause de ton hypocrisie, à cause de ce vêtement que tu déshonores.... Je te hais, parce que je me trouve avilie, rien que d'être l'objet de ta brutale passion !

Les paroles de la femme outragée dominaient alors le bruit de la foudre. L'abbé Duval s'était relevé : il se tenait debout, la tête basse ; ses ongles déchiraient sa poitrine.

— Vous allez sortir, monsieur ! reprit madame de Verneuil. Vous devez savoir qu'un prêtre n'inspire que de la répugnance à une femme, dès qu'il se rend indigne de la vénération due à son caractère. Croyez-vous que je puisse accepter la complicité de votre parjure? Sortez !.... A ce prix, je garderai le silence sur votre criminelle démarche.

— Vous serez à moi, ce soir ! murmura sourdement l'abbé, en appuyant sur chacune de ses paroles.

— Mais vous êtes fou ! s'écria l'infortunée,

en se tordant les mains avec désespoir. Où donc avez-vous appris qu'une femme se donnait ainsi à un homme auquel elle n'avait jamais songé?... Vous m'aimez, dites-vous ? Eh bien ! laissez-moi le temps de réfléchir à cet amour : je vous plaindrai peut-être, car je crois à tout ce que vous avez dû souffrir ; je crois aux combats que vous vous êtes livrés à vous-même avant de manquer à vos devoirs.... Mais, de grace, laissez-moi ; ne me forcez pas à vous haïr !

— Oh! si tu disais vrai ? si je pouvais espérer ton amour.... Elise, tu m'aimerais ?

— Oui, oui... murmura la pauvre femme, en frissonnant au contact de la main du prêtre qui avait saisi la sienne.

Elle la retira brusquement, car il allait la porter à ses lèvres.

— Voyez, dit-elle, en faisant sur elle-même un effort violent pour paraître calme, je vous permets l'espérance, et vous allez me chagriner encore! Votre apparition dans ces lieux, à cette heure, m'a causé du saisissement ; je suis malade, et vous ne voulez pas sortir pour me laisser reposer. Vous m'avez blessée, en vous introduisant chez moi sans mon aveu, et vous refusez de me prouver votre repentir, en vous retirant, lorsque je vous en prie : cela n'est pas généreux, monsieur !

— Elise, si je vous rendais la clé de cette porte, dit l'abbé, en fixant sur elle un œil scrutateur ; si j'avais assez de confiance en vous, pour croire que vous ne profiterez pas de votre liberté....

— Donnez, donnez ! s'écria madame de Verneuil, avec une joie qu'elle ne fut pas maîtresse de contenir et qu'elle réprima, mais trop tard, en voyant le sombre feu qui jaillissait des yeux du prêtre.

—Ah! s'écria-t-il, c'était donc un piége!... Et vous avez cru, madame, que je serais assez sot pour m'y laisser prendre, quand vous veniez de me souffleter avec vos paroles de haine?.... Vous tremblez maintenant, vous qui tout à l'heure étiez si forte en me reprochant mon infamie.... Insensée! ne savais-tu donc pas que ma conscience m'avait parlé plus haut que toi? qu'en venant ici, il m'était impossible d'en sortir plus coupable?.. Car depuis long-temps mes désirs m'ont livré tes charmes; mon ame s'est abandonnée tout entière au rêve qui te jetait dans mes bras, nue, les cheveux flottans sur tes blanches épaules, ta chair frissonnant sous mes lèvres.... Oh! maintenant, la réalité!

—Grace, grace! vous n'oseriez pas! s'écria madame de Verneuil en se débattant sous les étreintes convulsives du prêtre.

Alors ce fut une lutte terrible, inouie, où

des plaintes déchirantes étaient refoulées par d'indignes baisers, où, poursuivie jusque dans le dernier retranchement de la pudeur, une faible femme trouvait dans sa haine une force surnaturelle pour repousser l'infâme qui voulait lui faire subir ses ignobles caresses.

— Etre à toi, prêtre? jamais ! jamais !...., J'appartiendrais plutôt au dernier des hommes, à un forçat !.... Toi, je te hais, je te méprise, jamais !

Et la foudre qui tonnait au dehors venait joindre ses rugissemens aux cris d'alarme de la victime. Le prêtre poussait de sourdes clameurs de rage, comme un tigre qui sentirait une gazelle se révolter sous sa griffe sanglante.

Elle allait enfin succomber, la malheureuse, car elle sentait ses forces s'évanouir, lorsque soudain la fenêtre que l'abbé, dans sa précipitation, n'avait fermée qu'à demi, s'ouvrit avec un bruit effroyable. L'ouragan s'engouffra dans la chambre, et la foudre, attirée par le courant d'air, éclata sur le parquet.

Le prêtre, saisi de vertige, laissa madame de Verneuil évanouie et s'empressa de chercher une issue pour échapper à la vengeance divine qu'il croyait attachée à ses pas. Il s'élança de l'autre côté du balcon, et, s'accrochant aux aspérités du mur, il atteignit la pelouse du parc. Alors il s'arrêta, portant autour de lui des regards inquiets et troublés; il essuya son front couvert de sueur, interrogea de la main tout son corps, pour voir si la foudre ne l'avait pas atteint, et chercha dans son esprit bouleversé la cause de sa frayeur.

Il fut rappelé à lui-même et au péril de sa situation, en voyant des flambeaux briller dans les corridors.

Les domestiques, certains que la foudre était

tombée sur le château, le parcouraient dans toute son étendue. Guidés par une forte odeur de soufre, ils se dirigeaient vers l'appartement de madame de Verneuil.

L'abbé Duval lança par dessus le balcon la clé qu'il avait gardée sur lui et prit la fuite, emportant dans son cœur le remords d'un crime et le désespoir d'avoir échoué dans son infernale machination.

Le bruit que firent les domestiques, en enfonçant la porte, n'avait pu tirer madame de Verneuil de son évanouissement. Lorsqu'elle reprit enfin ses sens, elle se redressa sur son lit, pâle, échevelée et donnant les marques de la plus profonde terreur.

— Mon Dieu, comme vous me regardez, ma chère dame! dit Marguerite. Remettez-vous; vous n'avez aucun mal.... Mais tout de même il y avait de quoi tomber en défaillance! Bonne Vierge, quel coup de tonnerre! J'en ai sauté en bas de mon lit et je me suis mise à genoux pour prier, croyant être à ma dernière heure....

— Où est-il ? s'écria madame de Verneuil ; vous ne l'avez pas laissé fuir, j'espère ?.... Il faut l'amener ici, que je le couvre, en votre présence, de mépris et d'exécration !... Mais répondez donc, Marguerite ! Vous avez été témoin de ses infâmes tentatives, vous l'avez vu, n'est-ce pas ?...

— Qui cela, madame ?.... Le tonnerre ? Ah bien ! est-ce que j'aurais pu le retenir, moi ? Non, je ne l'ai pas vu et mon bon ange me préserve de le voir jamais !... c'est bien assez de l'entendre.

— Malheur ! malheur ! cet homme n'a pas été vu, il niera son crime !.... Oh ! c'est à en mourir de désespoir !.. Marguerite, appelez Joseph, à l'instant, sans perdre une seconde...

— Il est dans l'antichambre, madame, avec le jardinier.

— Qu'il vienne ! qu'il vienne !

— Joseph, mon bon Joseph, dit-elle au concierge qui entrait, tu es un fidèle serviteur?... Eh bien! il faut que tu montes à cheval et que tu sois avant cinq minutes au séminaire. Tu éveilleras le supérieur ; tu lui diras qu'un prêtre est sorti de la maison, cette nuit.... qu'il fasse fermer toutes les portes, afin que l'on surprenne l'abbé Duval à son arrivée... Tu me comprends, n'est-ce pas?

Elle courut à son secrétaire et en tira cinq pièces d'or qu'elle mit dans la main du concierge.

— Voilà pour toi !... Si tu le rencontres sur ta route, redouble de vitesse ; s'il veut t'arrêter, crache lui au visage... Cours, cours, je t'attends ici !

Alors, tombant épuisée sur un fauteuil,

elle donna un libre cours à ses sanglots.

Joseph, qui n'avait pas compris très clairement l'objet de sa commission, mais dont les yeux avaient été frappés à l'aspect des pièces d'or, partit pour accomplir son message, tandis que Marguerite, regardant madame de Verneuil avec un mélange de compassion et de frayeur, se disait à elle-même :

— Elle est folle.... bien sûr, elle est folle !

Celle-ci tressaillit douloureusement, car elle venait d'entendre cette exclamation.

— Ah ! s'écria-t-elle, voilà ce qu'ils diront tous : « Elle est folle ! » Et rien ne prouve qu'il soit venu ! Cette fenêtre, c'est la foudre qui l'a ouverte.... Oh ! la clé de cette porte, il doit l'avoir sur lui !

— La voici, madame, dit Marguerite en ramassant la clé sur le parquet. Elle sera tombée, quand Joseph et le jardinier ont fait sauter la serrure.... Dame, vous vous étiez enfermée : c'était facile de voir qu'il vous était arrivé malheur, puisque vous ne répondiez pas. Heureusement le tonnerre ne vous a pas touchée ; mais il vous a mise dans un bel état, Dieu merci !.... Tenez, madame, si vous vouliez m'en croire, je vous aiderais à vous déshabiller : maintenant vous pouvez vous coucher sans crainte, l'orage est passé. Vous avez eu grand tort de rester ainsi avec vos vêtemens : on n'est pas à son aise et l'on fait de mauvais rêves.... Et puis après cela le tonnerre qui s'avise de tomber au milieu de votre chambre ! il y a bien de quoi perdre la tête... Voyons, madame, ne me regardez plus ainsi: vos yeux me font peur ! Il faut vous coucher, car vous avez froid, vous tremblez....

— J'attendrai le retour de Joseph, dit madame de Verneuil en poussant un profond soupir.

— Ah bien ! en voilà de l'ouvrage !... Est-ce

qu'il est parti c't imbécile ? N'ira-t-il pas à présent mettre le séminaire sens dessus dessous pour un rêve ?

Marguerite voulut sortir pour faire rester le concierge, s'il en était temps encore. Mais madame de Verneuil la retint avec force, et, s'approchant de la fenêtre, elle écouta, pleine d'anxiété, le galop d'un cheval qui bientôt se perdit dans le lointain.

— Ah ! dit-elle, c'est mon dernier espoir !

Hélas ! il devait aussi s'évanouir ! Car, une heure après, Joseph était devant elle, la tête basse et tout rouge de confusion. On l'avait mis à la porte du séminaire comme un fou et un perturbateur du repos des saints... A son arrivée, l'abbé Duval dormait, ou feignait de dormir sur la planche qui lui servait de lit. Son visage présentait le calme d'une conscience pure ; le sourire de la béatitude céleste errait sur ses lèvres...

Et la chronique vivante du château d'Arthenay ? le vieux concierge, pourra vous raconter encore aujourd'hui, pour peu que vous manifestiez de curiosité en le visitant, que, le quinze septembre de l'an de grace 182. , le tonnerre tomba sur le pavillon de l'Est, et que madame de Verneuil, qui habitait ce pavillon, fut tellement saisie de terreur, qu'elle en DÉRAISONNA pendant deux jours.

VI.

DIPLOMATIE.

Or ce n'était pas sans un profond sentiment d'amertume et de rage intérieure que l'abbé Duval prévoyait la divulgation d'un vieux péché, sur lequel il croyait avoir acquis prescription. Il se flattait encore que madame de Verneuil ne parlerait pas, ou du moins, par respect pour elle-même, n'entrerait que dans de vagues détails qui, joints au défaut de preuve, n'obtiendraient de la part de l'évêque qu'une médiocre confiance. Il perdit bientôt cet espoir en recevant, peu d'heures après son retour au séminaire, une lettre ainsi conçue :

« Il faudra, monsieur, dès que vous aurez
» lu ces lignes, vous décider d'abord à ne
» plus reparaître chez M. d'Arthenay, puis
» à envoyer au siége épiscopal, sous un
» délai de deux jours, votre démission que
» vous motiverez comme bon vous semblera :
» je me charge de la faire accepter.

» Je voudrais croire à votre repentir, car
» alors je ne serais pas moins indulgent que
» le ciel qui pardonne aux plus grands crimes.
» Mais votre conduite à l'égard de Léon n'était
» qu'une lâche vengeance contre une femme
» que vous aviez indignement outragée. En

» essayant de renverser les projets qu'elle
» avait formés pour l'avenir de sa fille, vous
» vouliez la punir de n'avoir pas cédé jadis à
» vos désirs impurs...

» Si la persévérance avec laquelle vous avez
» marché dans la voie du crime n'a pas encore
» détruit la possibilité d'un retour à Dieu,
» songez à sa justice et faites pénitence. Vous
» êtes prêtre, monsieur... je ne veux pas don-
» ner aux impies la joie d'un scandale : je gar-
» derai donc, sur ce que je viens d'apprendre,
» le secret le plus inviolable. Je n'en avertirai
» pas même l'autorité ecclésiastique, à moins
» que vous ne refusiez de remplir les condi-
» tions que je vous impose.

» Cette lettre n'exige point de réponse de
» votre part. Tenez-vous pour averti, qu'en
» essayant de vous justifier, vous ne ferez que
» me donner une nouvelle preuve de votre
» endurcissement... Le trouble que vous avez

» laissé paraître, lorsque vous m'avez vu sur
» le point d'aller interroger madame de Ver-
» neuil, montrait assez que votre conscience
» était votre premier juge.

» VICTOR-AMÉDÉE D'ARTHENAY, *évêque d'H****. »

Le chapelain du château, que le lecteur connaît déjà, s'était offert pour remettre à sa destination cette lettre, dont il ignorait le contenu.

Or, si quelque chose pouvait accroître le paroxysme de fureur qui s'empara de l'abbé Duval, c'était d'avoir un témoin du trouble qu'il lui fut impossible de dissimuler. Le pauvre chapelain tomba donc moralement de sa hauteur, lorsqu'il vit celui qu'il avait toujours regardé comme un modèle de douceur évangélique, le saisir brusquement par la soutane et lui crier, en écumant de rage :

— De par tous les diables! vous allez me dire, monsieur, si vous avez connaissance du message que vous m'apportez!

— Lâchez-moi, je vous prie, monsieur le supérieur, répondit le chapelain que son étonnement ne rendait pas insensible au désordre que la main crispée de l'abbé Duval opérait dans sa toilette... Vous allez déchirer ma soutane neuve!

— Eh! qu'importe?... Je vous demande si vous savez ce que l'on m'écrit.

— Je l'ignore absolument...

— Mensonge!

— Par exemple! Vous supposez donc, monsieur le supérieur, que je serais capable de mentir, quand je viens ici tout exprès pour purifier ma conscience? C'est aujourd'hui mon jour de confession... Si vous voulez mettre votre surplis...

— Je n'ai pas le temps de vous confesser :

laissez-moi... Non, restez!... Vous jurez sur le Christ que vous ignorez le contenu de la lettre de monseigneur?

— Je le jure.

— Qu'il vous suffise alors de savoir que cette lettre renferme un secret... et que, dans l'intérêt de la religion, ce secret ne doit être connu de personne.

— En attendant, murmura le chapelain d'un air piteux, il aurait bien pu se dispenser de m'arracher trois boutons.

Cette scène avait lieu dans la cellule de l'abbé Duval. Ce dernier s'était assis près de sa table et relisait la fatale lettre, en jetant, à chaque phrase, un regard de côté sur le chapelain qu'il vit s'occuper exclusivement de la recherche de ses boutons... Dès lors il ne douta plus de sa sincérité.

— Approchez, lui dit-il.

— Passez toujours votre surplis, monsieur

le supérieur : je n'en ai encore trouvé que deux.

— Je crois vous avoir dit que vous deviez remettre votre confession à un autre moment... Avez-vous donc des fautes graves à vous reprocher, monsieur ?

— Dieu m'en garde, monsieur le supérieur!... Où peut être fourré le troisième ?... Cependant le souvenir d'une conversation, que j'ai entendue ce matin, au château, me laisse quelques scrupules. On vous a mis sur le tapis et madame de Verneuil... Allons, décidément je ne le trouverai pas : il faut en faire le sacrifice...

— Mais vous êtes un sot fieffé ! s'écria l'abbé Duval. Ne pouvez-vous parler, sans vous interrompre pour vous occuper d'une chose aussi futile?... Et qu'a dit cette femme!

— Elle vous a traité d'hypocrite.

— Ensuite ?

— Voilà tout.

— Est-ce que ce n'est pas assez comme cela ? se dit à lui-même le chapelain. Il paraîtrait alors... En effet, lui que je croyais incapable d'un mouvement de colère, ne vient-il pas de me saisir au collet, de m'appeler sot fieffé ? Madame de Verneuil avait donc des raisons... Oh ! quelle mauvaise pensée ! *Abrenuntio... vade retrò, Satanas.*

— Pour en revenir à mon scrupule, continua-t-il à haute voix, je me reproche de n'avoir pas mis assez de chaleur à prendre votre défense : il est vrai qu'au premier mot madame de Verneuil m'a coupé la parole... Ah ! mon Dieu ! cette pensée qui me revient encore ! Pardonnez-moi, monsieur le supérieur, mais je suis un misérable ! et le démon, qui s'en doute, me souffle à l'oreille que l'accusation de madame de Verneuil est vraie... Il me donne pour prétexte que vous avez fait sauter les boutons de ma soutane et que vous m'avez appelé...

— Voyons, mon cher, interrompit l'abbé Duval, ne me jugez pas trop sévèrement pour une minute de vivacité. Le juste ne pèche-t-il pas sept fois le jour?... Elle n'a rien ajouté pour prouver cette assertion, n'est-ce pas?

— Et voilà précisément ce qui me fait croire que c'est une atroce calomnie! s'écria chaleureusement le chapelain.

— Sans doute; mais les méchans suivent le précepte de Voltaire. Il a dit : « Mentez toujours, il en restera quelque chose. »

— Ah! il a dit cela, l'infâme, le scélérat, l'assassin! car il a voulu assassiner la foi, le bandit qu'il est!

— Cette indignation prouve l'ardeur de votre zèle, reprit l'abbé Duval, préoccupé par une réflexion qui venait de lui surgir : aussi me suis-je dit plus d'une fois que vous n'étiez pas à votre place au château d'Arthenay. Dans une cure, vous pourriez rendre de grands services à la religion. Ce soir, je parlerai pour vous... vous serez placé.

— Oh! laissez-moi vous baiser la main, mon digne protecteur!

Un amer sourire contracta les lèvres de l'abbé Duval, lorsqu'il vit le chapelain tomber à ses genoux et lui prodiguer les serviles témoignages de sa reconnaissance.

— Va toujours, pensa-t-il, rampe, vil esclave, toi qui sens à peine un cœur battre sous ta poitrine, toi qu'un affront ne peut émouvoir! Et voilà ce qu'on appelle un homme vertueux... une masse inerte de matière sur laquelle les passions sont impuissantes, des organes grossiers, une ame abâtardie sous une froide enveloppe de marbre! Pourtant je crains cela, moi!... Si elle venait à connaître mon secret, cette machine sottement organisée pourrait devenir un écho fatal. Il faut l'éloigner du château et le caser dans un presbytère, avant de donner moi-même ma démission; car je la donnerai, oui... Mais malheur à cette femme! malheur à ceux qu'elle aime !

Il releva le chapelain et dit, en lui présentant un livre :

— Je veux immédiatement m'occuper de votre affaire. Or, comme voici bientôt l'heure de la lecture spirituelle, il faudra que vous ayez la complaisance de me remplacer. C'est facile... Quelques passages de l'Écriture avec des commentaires, une ou deux réflexions sur la cérémonie de demain. Ne vous laissez pas intimider par l'aspect de la communauté réunie; parlez comme vous parlerez à vos ouailles futures.

— Hélas ! que vais-je devenir ? s'écria le chapelain consterné.

— Il vous reste quelques minutes : allez à la chapelle demander les lumières de l'Esprit-Saint. Lorsque vous entendrez la cloche, vous vous rendrez à la grande salle d'étude. Je vous le répète, c'est facile... A propos, vous resterez ici ce soir et vous ne retournerez pas au château. M. d'Arthenay comprendra que vous avez besoin de quelques jours de solitude et de prière, avant d'accepter la terrible responsabilité du salut des ames. Du reste, je me charge de lui faire agréer vos excuses... Allez !

Le chapelain se dirigea vers la chapelle, se demandant à lui-même avec effroi comment il allait se tirer de ce pas difficile. Au moment où il s'agenouillait pour solliciter l'inspiration du ciel, la cloche se fit entendre. Il se leva tremblant et se dirigea vers le lieu de son supplice.

L'abbé Duval, dont la cellule n'était séparée de la salle d'étude que par une cloison, entendit les chuchotemens et les rires étouffés des séminaristes... Le chapelain venait d'entrer en matière.

— Qu'il leur dise des platitudes, peu m'importe ! pensa-t-il, puisque, avant deux jours, je dois renoncer à mon titre de supérieur. Je vais sonder le terrain, pour voir si je n'aurais pas en perspective un camail de chanoine.... Il m'a promis le secret, et je ne manquerai pas de raisons valables à donner à ma démission.

Il attacha les agrafes de sa ceinture moirée et sortit dans l'intention de se rendre à Saint-D**, au palais épiscopal ; mais il rencontra M. d'Arthenay à la porte du séminaire.

La figure du marquis était bouleversée, et, du plus loin qu'il aperçut l'abbé Duval, il s'écria :

— Croiriez-vous, mon cher abbé, que mon animal de notaire n'a pas voulu consentir à dresser l'acte de donation que je veux vous faire de mes biens? Il prétend que mon fils a le droit, comme étant majeur, d'exiger des comptes et de réclamer la succession de sa mère.... Ce droit, je le nie! car les biens de ma femme ont été la proie des Jacobins, et mon nom seul a pu m'obtenir la part d'indemnité qui m'a servi à racheter le domaine de mes ancêtres.... Donc je suis le maître de ma fortune, donc je puis déshériter Léon !.... et je le déshériterai !

— Silence, monsieur le marquis! dit l'abbé Duval qui venait d'apercevoir un séminariste se glisser dans une galerie voisine.

Il l'appela d'un ton sévère ; mais le jeune homme jugea convenable de faire la sourde oreille, et, relevant sa soutane pour que sa course fût plus libre, dans le cas où l'on se mettrait à sa poursuite, il gagna le jardin, sauta lestement par dessus le mur d'enceinte et prit le chemin du château d'Arthenay.

Le lecteur a déjà deviné que le fugitif était Arthur, ce jeune espiègle qui feignait de vouloir être prêtre, pour faire une niche à son père. Un accès de gaîté l'avait pris, lorsqu'il avait entendu les commentaires du chapelain sur l'Écriture sainte. Pour ne pas scandaliser ses condisciples, en pouffant de rire au milieu d'une lecture spirituelle, il avait cru prudent de sortir de la salle d'étude. Il arriva que, en passant près de la porte où se trouvaient le supérieur et le marquis, Arthur avait été initié à leur conversation et n'avait perdu aucune des paroles du père de son ami. La voix tonnante du supérieur qui lui ordonnait de venir à lui ne contribua qu'à augmenter l'activité de ses jambes; il était déjà de l'autre côté du mur, avant que l'abbé Duval, qui s'était avancé pour le reconnaître, eût pu se douter de la direction qu'il avait prise.

— C'est un des infirmiers, sans doute, dit le supérieur, en revenant près de M. d'Arthenay : eux seuls ont la permission de ne pas assister aux exercices. Vous avez parlé trop haut, monsieur le marquis : vous ignorez que, dans notre maison, les murailles ont des oreilles.

— Et le grand mal, quand on saura que je déshérite mon fils ? un ingrat qui se montre rebelle au plus saint de mes désirs !... Soyez tranquille, mon cher abbé; nous plaiderons, si toutefois il a l'audace de m'intenter un procès.

— Entrons chez moi, monsieur le marquis, et laissons là votre donation : j'ai à vous entretenir d'une chose bien autrement importante.

L'abbé Duval introduisit M. d'Arthenay dans

le salon qui communiquait à sa cellule de cénobite. Il lui présenta la missive de l'évêque d'H***.

— Ah ! ah ! voici qui vient de mon frère...

— Précisément, dit l'abbé Duval avec un admirable sang-froid... Lisez.

Dès le commencement de cette lecture, le marquis se frotta les yeux et regarda son directeur, en poussant une exclamation de surprise.

—Cela vous étonne, monsieur le marquis !.. Poursuivez, vous allez apprendre de belles choses. C'est une petite vengeance de femme assez passablement conçue et mieux encore exécutée... Lisez, lisez !

— Abominable ! infernal ! s'écria M. d'Arthenay.

— Comment donc ! mais au contraire, c'est délicieux : ce mystère d'iniquité s'adapte merveilleusement à la circonstance. Dix années de haine s'expliquent tout d'un coup, sans effort, avec une précision qui ne permet aucun doute. Il est vrai qu'une logique rigoureuse pourrait faire observer que cette révélation vient un peu tard... Mais comment nier un fait affirmé par madame de Verneuil, accrédité par un prélat respectable? Allons, monsieur le marquis, laissez-vous convaincre. Il n'est pas probable que monseigneur ait laissé surprendre sa conscience par un mensonge : on lui a donné des preuves, c'est clair... Le manteau de Joseph est resté entre les mains de la femme de Putiphar.

— Oh! madame de Verneuil ! qui l'aurait jamais crue capable !...

— N'attaquez pas la vertu, monsieur le marquis! Songez combien il a fallu de noblesse et de grandeur d'ame pour garder si longtemps le secret d'un pareil scandale, pour ne le révéler qu'au moment précis où il fallait arracher votre fils à mon autorité.... Car je voulais en faire un prêtre, afin de me venger de celle qui n'avait pas voulu consentir à mes désirs impurs.... Tout cela n'est-il pas de la dernière évidence ?

— Je vous en conjure, mon cher abbé, ne parlez pas ainsi, vous me percez l'ame. Je ne sens déjà que trop vivement l'indignité de la conduite de ma belle-sœur. Et mon frère qui vous outrage, en ajoutant foi à cette calomnie.... Oh ! quelle œuvre du démon ! Venez au château, venez ! Nous allons confondre cette femme et la chasser.... Oui, je veux la chasser avec infamie !

— Permettez, dit l'abbé Duval en retenant le marquis sur son siége : un véritable chrétien ne se venge jamais. Ce n'est pas à nous qu'appartient le droit de châtier les méchans. Dieu s'en charge, monsieur le marquis ! Il a permis cette calomnie pour me donner une occasion de souffrir, et je bénis la main qui ne m'envoie ces tribulations que pour doubler la récompense promise. A quoi me servirait de vouloir me justifier? Votre frère n'a-t-il pas été trompé par cette femme, au point de me prévenir qu'il sera sourd à toutes mes protestations? Plus tard il comprendra son erreur... là haut, monsieur le marquis!

— Quoi! vous me défendez de lui prouver votre innocence?

— Oui, je vous le défends comme votre directeur; comme ami, je vous conjure de n'en rien faire. Si la calomnie vient à se répandre, il sera toujours temps de laver la tache que l'on veut imprimer à ma réputation. Aujourd'hui, je ne vois qu'un homme abusé, me prévenant lui-même qu'il n'écoutera pas ma défense, et une femme trop méprisable pour que j'aille soulever avec elle une discussion dont l'idée seule alarme la pudeur.

Devant vous, maintenant, je crois inutile de plaider ma cause...

— Miséricorde! ce serait m'offenser, mon cher directeur....

— Je le crois. Du reste, vous devez comprendre que si je m'étais rendu coupable d'un pareil oubli de mes devoirs, vous en auriez été averti sur-le-champ par celle même qui m'accuse aujourd'hui. Voici la résolution que la prière m'a dictée : je renonce à mon titre de supérieur, puisque, en dépit de mes soins, la brebis sur laquelle je veillais avec le plus d'amour s'est échappée du bercail. Ainsi votre frère n'aura point de raisons pour exécuter ses menaces, en publiant une calomnie dont les vestiges ne s'effaceraient pas, même devant les témoignages les plus clairs de mon innocence. L'Esprit-Saint nous dit : *Cura de bono nomine*. J'obéis donc à la voix du ciel en ménageant ma réputation. Quant à l'ordre de ne plus reparaître au château, je saurai l'éluder avec votre secours, car je dois continuer l'œuvre de votre salut. Au moyen d'une clé de l'escalier dérobé qui conduit dans votre chambre, je serai toujours prêt à me rendre à vos pieux désirs. Enfin, si l'occasion se présente de vous séparer de madame de Verneuil, sans éclat, sans qu'elle puisse se prévaloir de cette séparation pour me nuire, je reprendrai près de vous mon premier titre de chapelain.... Tous mes instans vous seront consacrés.

— Homme admirable ! prodige de vertu ! s'écria M. d'Arthenay. Mon cher abbé, nous serons bientôt réunis, je vous le jure ! Vous verrez que ma reconnaissance saura vous dédommager des chagrins que vous donne cette malheureuse femme... Dussé-je lui faire une pension pour la décider à quitter le château...

— C'était le conseil que je voulais vous

donner ; mais ne proposez cet arrangement qu'après le départ de Monseigneur. Gardez le plus grand secret sur notre entrevue de ce soir, et n'opposez à toutes les questions que l'on pourra vous adresser que le silence ou des réponses évasives. Ce n'est pas mentir que de voiler aux calomniateurs des choses dont la connaissance pourrait favoriser leurs desseins pervers. Je ne vous retiens pas plus longtemps, monsieur le marquis : je dois me rendre à l'évêché pour laisser, dès aujourd'hui, pressentir ma démission, et tâcher d'obtenir une cure à votre chapelain, que j'espère remplacer incessamment.

— Demain, dit le marquis, je vous apporterai moi-même la clé du parc et celle de l'escalier.

Il voulut conduire l'abbé Duval dans sa voiture jusqu'aux portes de l'évêché ; puis il reprit seulement le chemin du château.

VII.

INDISCRÉTION DU REMORDS.

Il faisait une nuit d'enfer. La bise soufflait avec violence et les loups hurlaient dans les bois.

Joseph, qui ramenait le marquis au château, voyait très distinctement leurs yeux briller dans l'ombre. Bien que la hauteur de son siége de cocher le mît à l'abri de leurs attaques, il ne laissait pas de jurer contre ces lanternes insolites qui rôdaient au milieu des sapins et venaient même, par intervalles, se poster en face de ses chevaux, que le pauvre homme ne pouvait plus alors faire avancer, ni par ses imprécations, ni par les coups de fouet multipliés qu'il leur distribuait.

Dans cette extrémité, Joseph tirait de sa poche une pierre à fusil dont il faisait jaillir des étincelles avec la lame de son couteau. Ce manége obligeait momentanément les hôtes de la forêt à lui laisser le chemin libre ; mais, l'instant d'après, il les voyait reparaître plus loin : de sorte qu'il perdit sérieusement l'espoir d'arriver avant le jour, malgré le peu d'espace qu'il lui restait à parcourir. Tremblant de frayeur plus encore que de froid, il maudissait, en termes peu respectueux, la fantaisie qu'avait eu M. d'Arthenay de *char-*

rier l'abbé Duval jusqu'à la ville.... (Nous prions le lecteur de laisser passer cette expression que nous permet le souvenir du pesant carrosse et des maigres haridelles du marquis.)

Joseph, qui n'était pas habitué aux expéditions nocturnes, et qui se plaisait beaucoup mieux dans sa loge de concierge que sur l'impériale du carrosse, bien qu'il cumulât les deux fonctions réunies, maugréait donc de tout son cœur contre son maître qui dormait, les loups qui hurlaient et les chevaux qui n'avançaient pas,... lorsqu'il vit, avec un redoublement d'effroi, paraître sur la route un OEIL unique et flamboyant, dont l'éclat éteignit tous les yeux qui le fixaient d'abord. Cet OEIL, dans l'imagination frappée de Joseph, ne pouvait appartenir qu'au Diable ou à quelque loup gigantesque et borgne qui, restant toujours immobile à la même place, montrait qu'il ne partageait pas la terreur panique de ses confrères. Comme pour redoubler les alarmes du cocher, les chevaux, si rétifs jusqu'alors, marchaient avec assurance à la rencontre de cet objet terrifiant. Il retint la bride à ces stupides quadrupèdes qui couraient de gaîté de cœur au péril, et, frappant du manche de son fouet à la glace de la portière, il réveilla brusquement le marquis.

— Sommes-nous arrivés? demanda M. d'Arthenay.

— Oui, nous sommes arrivés.... mais c'est à notre dernière heure, dit Joseph qui n'avait plus une goutte de sang dans les veines; car, depuis que les chevaux s'étaient arrêtés, l'œil flamboyant marchait à son tour et s'approchait de plus en plus de la voiture.

— Eh bien! qu'est-ce qu'il a donc ce nigaud, pour s'arrêter sur la route à une pareille heure? cria Marguerite en plaçant sa lanterne sourde sous le nez du cocher.

— Comment, c'est vous la vieille?... Excusez!... Vous pouvez vous flatter de nous avoir fait joliment peur!

— Vous vous êtes amusé au cabaret, n'est-ce pas, maudit ivrogne, pour nous ramener not' maître si tard?...

— Et vous, monsieur, continua-t-elle en apostrophant le marquis penché à la portière, à quoi pensez-vous donc de vous absenter toute une journée, quand M. Léon est malade, ce pauvre jeune homme! et qu'il vous demande à grands cris? C'est du propre!... Tout le monde, au château, est dans une inquiétude terrible... Jusqu'à Monseigneur qui, ne vous voyant pas revenir à la nuit, a fait mettre ses chevaux à la voiture pour aller vous chercher chez le notaire...

— Chez le notaire ! s'écria le marquis pétrifié.

Joseph se pencha vers Marguerite et lui fit signe de la main :

— Chut ! chut !... Monsieur ne veut pas qu'on sache où je l'ai conduit.

— Taisez-vous, cocher de malheur, et faites-moi de la place là haut, répliqua Marguerite qui se mit en devoir de grimper sur l'impériale. Surtout ne vous amusez plus à battre le briquet... Il y a du monde à rassurer là bas : vous fumerez plus tard.

Joseph cingla la croupe de ses haridelles, en s'écriant :

— D'une drôle de manière que je fumais tout à l'heure ! Figurez-vous, Marguerite, que j'étais molesté par tous les *charnivores* du canton, qui voulaient à toute force faire connaissance avec le gras des jambes de mes pauvres invalides... A preuve que je vous ai prise vous-même pour un loup...

— En voilà une bêtise! dit Marguerite en pinçant avec vigueur le bras du cocher... Est-il insolent donc, ce vieux ivrogne-là!

— Aïe! vous allez me faire des noirceurs, la mère!... C'est égal, j'aime encore mieux votre compagnie que celle de ces gredins de charnivores. Dieu soit loué, nous voici hors de la forêt!... Il faut que vous ayez tout de même un fameux toupet, mon ancienne, pour vous être aventurée là dedans... C'est vrai qu'ils n'osaient pas vous attaquer, puisque vous aviez de la lumière. Diable de lanterne, va! moi, qui la prenais pour un loup!

— Ah ça! dit Marguerite à voix basse, qu'est-ce donc qu'il avait de si pressé chez son notaire?

— Chut!... Marguerite, il y a du mauvais beurre dans la soupe, c'est moi qui vous le dis. Tout cela est embrouillé qu'on n'y comprend plus goutte... Je conduis monsieur chez son notaire, bon ! Au bout d'un temps infini, il en sort avec son ancienne mine d'ogre, vous savez ? celle qu'il avait avant la *brûlaison* de sa bibliothèque... Je vous parle d'un fameux temps : je n'avais pas encore mes rhumatismes, et vous m'appeliez votre *bêtit Chôseph*... Ne me pincez pas ! vous avez appris le français depuis c't'époque là... Je vous disais donc que monsieur faisait une mine, que j'ai cru qu'il allait m'avaler, en me disant d'un ton bourru de le conduire au séminaire, bon ! J'ai eu le temps de geler à la porte, et mes chevaux aussi. C'est drôle, Marguerite, chaque fois que je parle du séminaire, je me rappelle ce rêve de madame, vous savez ? C'était ça une farce d'éveiller tout le monde, à propos de bottes, à deux heures du matin !... et dire que ça m'a valu cent francs !... Pour en revenir à nos moutons, je bivouaquais depuis au moins cinq quarts d'heure et je me disais : Il n'y a pas de bon sens, monsieur veut donc coucher ici? Bon! je le vois qui s'approche avec l'ancien chapelain... « Joseph, qu'il me dit, à l'évêché! » Vous saurez qu'il était déjà nuit et que nous alongions notre chemin d'une bonne heure... Voyons, y comprenez-vous quelque chose, Marguerite?

— Dame!... je crains pour M. Léon.

— Est-ce qu'il est plus mal, ce soir?

— Au contraire, il va beaucoup mieux. Mais je parierais que ces maudites robes noires vont essayer de le reprendre dans leurs filets... Tenez, Joseph, M. le marquis est un mauvais père!

— Vous croyez?

— Il n'est pas seulement venu voir ce pauvre enfant qu'on nous a ramené dans un état à faire trembler. Je dis, moi, que si M. Léon est malade, c'est le séminaire qui en est la cause. Il ne l'a quitté que ce matin, et déjà la santé lui revient à vue d'œil. Avec cela qu'il n'aime pas sa cousine, non, c'est le chat! Un aveugle y verrait clair!

— Diable! il faut les marier ces enfans-là!

— Arrêtez vos chevaux, dit Marguerite : nous approchons de la grille, et je vais prendre les devans pour annoncer que je vous ramène.

Léon, prévenu de l'arrivée de son père, s'enveloppa d'une robe de chambre que Marguerite venait de substituer à ses vêtemens ecclésiastiques. Avec l'aide de la bonne femme, il gagna un fauteuil, soigneusement garni d'oreillers, qui l'attendait en face d'un feu clair et pétillant. Puis Marguerite sortit pour avertir M. d'Arthenay que le souper allait être servi dans la chambre du malade.

Cette mesure avait été prise pour forcer le marquis à visiter son fils : ce qu'il se fût probablement dispensé de faire le soir même ; car, l'agitation de cette journée sortant des habitudes de sa vie paisible, il éprouvait moins un élan d'amour paternel qu'un besoin de se reposer de sa lassitude. En outre, un nouveau sujet d'alarmes était venu l'assaillir. Les paroles de la vieille Allemande, en lui faisant connaître que sa visite chez le notaire n'était plus un secret, l'avaient sérieusement inquiété. Lorsque celle-ci le prévint de l'endroit où l'on devait se réunir pour le repas du soir, il délibéra dans son esprit s'il ne ferait pas mieux d'aller se coucher, afin d'éviter l'explication qu'il prévoyait.

L'appétit qu'il avait gagné dans ses courses l'emporta sur ses inquiétudes. Il s'appuya sur le bras de l'officieuse Allemande, vu la douleur rhumatismale qui s'était fixée dans sa jambe gauche, et monta l'escalier qui conduisait chez sa belle-sœur.

Madame de Verneuil, ne jugeant pas convenable d'assister à cette première entrevue, venait de sortir avec sa fille, de sorte que Léon éprouvait un douloureux saisissement à la pensée qu'il allait se trouver seul avec son père.

Comme nous l'avons déjà dit, M. d'Arthenay n'aimait pas son fils; et, sans l'influence que les idées religieuses avaient exercée sur son caractère égoïste, peut-être eût-il été jusqu'à manifester de la haine à celui dont il avait maudit autrefois la naissance. Quant à Léon, il craignait son père; cependant il se sentait d'autant plus disposé à l'aimer, qu'il en avait moins reçu de témoignages de tendresse... Étrange incompatibilité des sentimens les plus contraires! mystérieux caprice de la nature qui produit parfois des phénomènes d'insensibilité parmi les hommes, tandis que, dans les cœurs bien nés, elle sait réveiller une sainte affection par les moyens mêmes qui devaient servir à l'éteindre !

Le marquis entra dans la chambre, et la première chose qu'il remarqua fut que la table n'était pas servie. Il se retourna vers Marguerite qui le comprit aussitôt et lui présenta une tasse de bouillon.

— Ces dames, dit-elle, sont d'avis d'attendre monseigneur : voici pour vous soutenir l'estomac jusqu'à son retour.

Elle sortit en proférant, à voix basse, mille imprécations contre M. d'Arthenay qui n'avait pas seulement regardé son fils...

Mais il posa subitement sur la cheminée la tasse qu'il portait à ses lèvres, car une exclamation de douleur venait de percer la dure écorce qui recouvrait son âme.

— Mon père! mon père! s'était écrié le

malade, douloureusement frappé de tant d'indifférence.

— Ah! c'est vous, monsieur? dit le marquis, dont l'émotion passagère était déjà dissipée. Il paraît que votre maladie n'est pas aussi grave qu'on me l'avait annoncé d'abord.

Léon voulut se jeter à ses genoux ; mais, son état de faiblesse ne le lui permettant pas, il joignit les mains et regarda son père avec des yeux baignés de larmes.

— Oui, demandez-moi pardon, fils ingrat! car cette indisposition m'a tout l'air d'une comédie... Vous voilà déjà revêtu des livrées du monde : je suis joué, n'est-ce pas? A merveille, mon fils ! je vous félicite de votre adresse à détruire mes espérances.

— C'est donc vrai, mon père ne m'aime pas! dit le jeune homme en inclinant douloureusement la tête sur sa poitrine.

Mais l'aspect de sa douleur ne put fléchir la dureté du marquis.

—Parbleu ! s'écria-t-il, vous prenez un joli chemin pour mériter ma tendresse ! Votre folle imagination renverse tous les projets que j'avais formés pour mon bonheur et le vôtre... Grace à vous, monsieur, mes derniers jours vont être abreuvés d'amertume !

—Mon père, faut-il donc, pour vous obéir, me rendre coupable d'un sacrilége ?... Ah ! je vous en conjure, sachez-moi gré de mes efforts ; donnez-moi votre main, que je l'arrose de mes larmes.... Vous comprendrez combien je vous aime ! Que m'importe votre fortune, pourvu que vous me laissiez votre amour ?

— Ainsi, monsieur, vous êtes instruit de mes démarches : vous m'avez fait espionner...

— Mon père, vous savez trop combien je

vous respecte, pour vous arrêter à une pareille idée....

— Mais enfin, monsieur....

— Le hasard m'a fait connaître vos intentions, et mon seul regret est de ne pouvoir obtenir votre tendresse au prix d'un plus grand sacrifice. Mais je suis votre unique enfant : vous ne voudrez pas le malheur de toute ma vie.... Au nom de ma pauvre mère, que le ciel ne m'a pas donné le temps de connaître et d'aimer...

— Malheureux! interrompit M. d'Arthenay dont la conscience venait de sentir l'aiguillon des remords, oses-tu bien invoquer le souvenir de ta mère pour justifier ton égarement, ta désobéissance à mes ordres ?

— Oui, je l'invoque ce souvenir !... car si ma mère était ici, je trouverais un asile dans son cœur : elle vous prierait avec moi d'avoir plus d'indulgence pour votre fils... Ma mère, ma bonne mère !

L'exaspération du marquis était à son comble. Ce n'était plus le vieillard infirme, plongé dans une apathie religieuse qui lui faisait oublier ses anciens torts. Le fougueux émigré se réveillait avec sa haine et sa colère. C'était l'homme brutal d'autrefois qui torturait une faible femme, parce qu'elle n'avait pas su lui conserver sa fortune ; c'était le noble orgueilleux, arrosant de ses sueurs le sol étranger et faisant pleurer des larmes de sang à la compagne de son exil. Il oublia que, depuis, il s'était accusé lui-même, qu'il n'avait espéré le pardon du ciel qu'en échange de son repentir... et s'avançant vers son fils avec des yeux étincelans :

— Sais-tu bien, s'écria-t-il, toi qui me parles de ta mère, que je lui ai dû vingt années de douleurs et de désespoir ? Lorsqu'elle t'a mis au monde, je souffrais trop de poignantes humiliations pour sentir le bonheur d'être père ; et, quand elle est morte sur le grabat de l'indigence, je n'ai pas versé une larme... car elle était la cause de ma perte ! Il me fallait lui gagner du pain par d'ignobles travaux, à elle qui, pendant mon absence, avait laissé des brigands se ruer sur mes terres et piller mon château... Et tu viens me parler de ta mère, jeune fou !... Et tu me reprochais tout à l'heure de ne pas t'aimer, quand tu ressembles à celle qui m'a fait subir, pendant l'émigration, toutes les hontes de la pauvreté ?... Dis, maintenant, oseras-tu me parler de ta mère ? Réponds, mais répondras-tu ?

Il secouait avec rage le malheureux jeune homme que cet horrible discours avait saisi d'horreur et qui, trop faible encore pour supporter d'aussi cruelles émotions, venait de perdre connaissance. Lorsque le marquis s'aperçut de son évanouissement, il crut l'avoir tué.

Alors ce fut une scène d'un autre genre, où le vieillard converti revint à son tour avec ses terreurs religieuses. Il s'agenouilla devant son fils et se frappa la poitrine en poussant des sanglots.

— Léon, pardonne-moi! je suis un misérable, un pécheur endurci... Ciel! est-ce qu'il est mort? Ne verra-t-il pas le repentir que j'éprouve de mon aveugle colère? Mon fils, réponds-moi!... Tout cela est faux : ta mère était une sainte, elle est avec Dieu! J'étais fou de te dire de semblables choses... Ah ! mais il ne me répond pas, il n'y a plus de pardon pour moi... Je suis damné!

Les cris de M. d'Arthenay furent entendus. Son frère, qui venait d'arriver, entra suivi de madame de Verneuil et de Marie.

La jeune fille se précipita vers son cousin, en jetant un cri de douleur.

— Ce n'est rien, ce n'est rien ! s'empressa de dire le marquis, que la vue des témoins rendit au sentiment de lui-même. Je lui parlais de sa mère, quand il s'est trouvé mal... Vite des secours ! que Joseph aille chercher le médecin !

Mais son trouble était trop évident pour qu'il fût permis d'attribuer l'évanouissement de Léon à une autre cause qu'à une explication violente entre le père et le fils. L'évêque et madame de Verneuil adressèrent au marquis un regard de reproche, pendant que la jeune fille, qui mouillait de ses pleurs le front glacé du malade, s'écriait avec désespoir :

— Je vous l'avais bien dit, ma mère : il ne fallait pas le laisser seul avec mon oncle ! Je prévoyais un malheur ; et voyez dans quel état nous le retrouvons ! Il n'a pu supporter les dures paroles de son père... On veut donc le faire mourir, mon Dieu !

Le marquis était plongé dans la consternation la plus profonde ; car il craignait que Léon ne découvrît, en reprenant ses sens, l'imprudente révélation qu'il venait de lui faire. Debout près du lit sur lequel on avait porté son fils, il épiait avec terreur son premier signe de vie et le suppliait du regard de garder le silence. Mais le malade l'eut à peine aperçu, qu'il se voila la face en s'écriant :

— Retirez-vous, assassin de ma mère !

— Oh ! ne le croyez pas, du moins ! s'écria le marquis éperdu : vous voyez qu'il est dans le délire... Léon, mon fils, à quoi penses-tu de me tenir un pareil langage?... Ta mère, pauvre enfant, mais je voudrais te la rendre... Ah ! je l'ai bien pleurée, va ! Maintenant qu'elle est au ciel, je la prie tous les jours de veiller sur nous !

Léon regarda son père et sentit un frisson d'horreur courir dans ses veines, à ces hypocrites paroles. Il fit un effort pour se mettre sur son séant et s'approcha de l'oreille de M. d'Arthenay, de manière à n'être entendu que de lui seul. Il lui dit d'une voix tremblante :

— Je vous dois la vie, monsieur... Rassurez-vous, cet horrible secret ne sera point dévoilé. Mais vous devez sentir quel mal affreux vous venez de me faire, à moi triste orphelin que vous aviez déshérité de votre amour et qui me suis surpris tant de fois à regretter le cœur d'une mère. Cette sainte image que votre colère vient d'évoquer pour la flétrir, je l'avais vue dans mes rêves; elle me consolait de votre peu d'amitié pour moi !... Oh ! maintenant que je sais combien ma mère a dû supporter de douleurs, son souvenir me sera mille fois plus cher et plus sacré ! Je lui demanderai pardon pour vous... pour vous qui l'avez fait mourir !... Monsieur, je me tairai... Mais retirez-vous : laissez-moi pleurer ma mère !

— Léon demande qu'on lui permette de reposer, dit le marquis en se tournant vers l'évêque et madame de Verneuil, qui s'entretenaient avec étonnement des premiers mots que le malade avait prononcés.

— Nous ne souperons pas dans cette chambre, continua-t-il : notre présence pourrait l'empêcher de dormir.

— Moi, je ne le quitte plus ! s'écria la jeune fille à qui M. d'Arthenay faisait signe de le suivre.

Le marquis se rapprocha du lit et jeta sur le malade un regard inquiet et troublé.

— Je vous ai promis le secret, dit Léon. Si

Marie reste avec moi, c'est qu'ensemble nous allons prier ma mère d'attirer sur vous et sur nous la bénédiction du ciel.

On dressa le couvert dans une autre pièce, et le souper fut triste et silencieux, car la position relative des trois personnes qui se trouvaient réunies, après cette terrible journée, ne pouvait admettre aucun épanchement cordial et sincère. Cependant l'état de muette hostilité du marquis à l'égard de son frère et de sa belle-sœur devait tôt ou tard amener une explication. L'évêque, qui ne pouvait prolonger son séjour au château, résolut de la provoquer le soir même.

Lorsqu'il vit le marquis, lequel n'avait pas desserré les dents pendant le repas, se lever pour opérer un mouvement de retraite vers son appartement, il lui fit signe de reprendre place sur son siége.

— Mon frère, lui dit-il, je désire vous parler.

— Pas aujourd'hui, répondit M. d'Arthenay : je suis accablé de fatigue.

— Notre entretien ne sera pas long, monsieur le marquis... je puis même le résumer en quelques mots. Ne vous ayant pas trouvé tout à l'heure chez votre notaire, je me suis fait conduire à l'évêché, parce qu'un nouvel incident me forçait à prendre des mesures sévères contre un homme qui profitait indignement de votre faiblesse... A peine étais-je entré chez Monseigneur, que l'abbé Duval s'y présenta. Il arrivait à propos pour entendre l'ordre de quitter immédiatement le diocèse, sous peine d'être frappé de l'interdit.

Le visage de M. d'Arthenay se couvrit d'une pâleur effrayante.... Le contre-coup de cette condamnation retombait sur sa tête.

— Justice est rendue, mon frère ! continua

l'évêque d'une voix solennelle et recueillie. Cet homme vous entraînait sur le penchant d'un abîme : remerciez la Providence qui nous a dévoilé ses ignobles intrigues assez à temps pour vous empêcher de devenir mauvais père.

Le marquis ne proféra pas une parole : seulement une larme brûlante tomba de ses yeux....

Etait-ce une larme de repentir ?

Non, c'était une larme de rage. L'abbé Duval était le seul être que M. d'Arthenay eût jamais aimé, celui sur lequel il avait concentré le peu d'affection que son ame desséchée par l'égoïsme était susceptible d'éprouver encore. Ce prêtre n'avait-il pas été l'artisan de sa réconciliation avec Dieu ? A quel autre devait-il dix années d'un tranquille bonheur et les ineffables jouissances que procure la certitude d'être en paix avec le ciel ?.... Et voilà qu'aujourd'hui des ennemis de son repos et de son salut lui enlèvent à la fois un ami, le guide éclairé de sa conscience. On flétrit la réputation d'un homme qui toujours a professé les règles de la plus austère vertu.... Et cela pour mieux perdre cet homme, pour l'éloigner de lui sans retour!

Telles furent les réflexions qui se pressèrent en foule dans l'esprit de M. d'Arthenay, lorsque son frère lui annonça la décision qui venait d'être prise, en haut lieu, à l'égard de l'abbé Duval.

Lutter contre la puissance ecclésiastique, pour défendre celui qu'elle châtiait, fut d'abord la résolution que la colère suggéra au marquis. Il voulait appeler l'abbé Duval au château, lui rendre son titre de chapelain, l'imposer en quelque sorte à ses détracteurs... Mais il y avait menace d'interdit, dans le cas où le prétendu coupable n'évacuerait pas le diocèse : M. d'Arthenay recula devant l'idée d'exposer son directeur à cette mesure flétrissante. Il passa la nuit entière à réfléchir aux moyens de le garder près de lui et d'éviter en même temps un éclat dangereux.

Le jour arriva sans que le marquis eût trouvé la solution de ce problème. Il commençait à se désespérer à l'approche d'une séparation qui lui paraissait inévitable, lorsque le hasard vint à son secours.

Un de ses fermiers entra dans sa chambre pour lui apporter de l'argent.

C'était un vigoureux montagnard taillé en Hercule, et dont les traits basanés étaient d'une expression presque sauvage. Ses cheveux, d'une couleur indécise, tombaient perpendiculairement sur ses joues et sur ses épaules. Sous les bords aplatis de son chapeau de feutre, on voyait briller deux yeux gris et ternes que l'intérêt ou la colère pouvaient seuls animer. Gros-Pierre était le nom du montagnard. Sa passion pour l'argent et surtout la vigueur de son poing étaient généralement reconnues dans les environs. Du reste, probe et consciencieux, le fermier avait acquis un honnête aisance par des moyens honorables : il était *dur à la détente;* mais il professait un respect inviolable pour la propriété d'autrui et remplissait tous ses engagemens avec la ponctualité d'une montre marine.

Lorsqu'il eut regardé, pour la dernière fois, les piles d'écus qu'il venait de compter avec la même grimace piteuse qu'il renouvelait à chaque échéance de paiement, Gros-Pierre se disposait à sortir. Mais le marquis lui fit signe de rester, et, lui montrant du doigt l'argent étalé sur la table :

— Il ne tient qu'à toi, lui dit-il, de remporter cela dans ta sacoche.

— Monsieur le marquis veut rire? dit le

fermier dont les yeux pétillèrent aussitôt.

M. d'Arthenay n'aimait pas Gros-Pierre, qu'il avait toujours soupçonné d'être *libéral*. Sans l'exactitude du montagnard à remplir les conditions de son bail, il l'eût déjà chassé de la ferme. C'était donc avec humeur qu'il avait recours à lui, quoiqu'il n'eût aucun doute sur sa loyauté.

— Comment, rustre, répliqua-t-il, est-ce qu'il m'est jamais arrivé de plaisanter avec toi? Voilà ta quittance ; et je te répète que cette somme t'appartient, si tu es capable de me rendre le service que j'attends de toi... D'abord, es-tu discret?

— Il n'y a qu'une chose à faire, monsieur le marquis : mettez-moi à l'épreuve, et vous verrez si Gros-Pierre va dire à ses voisins de quelle carte il retourne. Ah! voyez-vous, c'est que la discrétion nous vient de père en fils, dans notre famille. Ma pauvre grand'mère, que Dieu lui fasse paix! me disait toujours : « Garçon, si tu sais l'endroit où la poule a fait son nid, ne le dis pas au coq, il casserait les œufs. »

— Mais tu as une femme?...

— Hélas oui! monsieur le marquis... et une fille de dix-sept ans, qui aiment toutes deux à jacasser comme des pies. C'est égal, je sais un moyen d'empêcher leur langue de tourner.

Gros-Pierre accompagna cette assertion d'un geste très significatif.

— Bien, dit M. d'Arthenay, je te crois digne de ma confiance. D'ailleurs, à la moindre indiscrétion, je résilie ton bail, et je te chasse... C'est entendu?

— C'est entendu, répéta Gros-Pierre, en couvant de l'œil l'argent que le marquis venait de lui promettre.

— Il s'agit simplement, continua M. d'Arthenay, de cacher chez toi un homme auquel je m'intéresse, et de ne laisser soupçonner sa présence à personne. Tu devras pourvoir à tous ses besoins, l'accompagner jusqu'à la porte du parc, lorsqu'il viendra de nuit au château, et lui fournir tous les déguisemens qu'il jugera convenable de prendre : je te tiendrai compte des dépenses que tu seras obligé de faire. Mais songe, encore une fois, que, si l'on vient à découvrir sa retraite, c'est toi qui m'en répondras... Prends cet argent. Je vais écrire une lettre que tu porteras à l'instant même.

Gros-Pierre engouffra les piles d'écus dans la ceinture de cuir qu'il avait autour de son corps. Il eut soin de ne pas oublier la quittance.

— En voilà, se dit-il à lui-même, qui ne m'a pas fait beaucoup suer ! Brave homme que M. le marquis... Vous verrez que c'est quelque pauvre diable qu'il veut nourrir par charité... Tiens ! mais est-ce qu'il va rester les bras croisés chez moi, ce gaillard-là ? Il paraîtrait alors que c'est un personnage d'importance, un des ministres de l'ancien, peut-être, du roi déchu, comme dit le notaire... Ah ! dame, c'est qu'on leur a donné du balai ! Scélérats de Parisiens, va !... en ont-ils fait de l'ouvrage en trois jours ! et dire que je n'étais pas là pour en découdre un ou deux !... Allons, allons, Gros-Pierre, ne pensez pas à la politique, ici : vous êtes chez un aristocrate, un marquis... Hum ! ministre du roi déchu, je ferai semblant de ne pas te connaître, et je t'en dégoiserai de belles !

Pendant que Gros-Pierre faisait, à part lui, ces judicieuses réflexions, le marquis écrivait à son directeur :

« Mon cher abbé,

» Ne partez pas, et confiez-vous à mon ami-
» tié qui saura vous mettre à l'abri de l'injuste

» persécution dont vous êtes l'objet. Celui qui
» vous remettra cette lettre est un homme sûr,
» vous pouvez le suivre sans crainte : il vous
» conduira, par des sentiers détournés, dans
» une de mes fermes, voisine du château, où
» je n'épargnerai rien pour vous rendre la vie
» supportable. Seul je connaîtrai votre asile,
» et ces deux clés, que je vous envoie, vous
» donneront la facilité de pénétrer dans mon
» appartement, sans que vos ennemis se dou-
» tent de votre présence. »

— Tu connais le séminaire ? dit le marquis au montagnard, lorsque la lettre fut cachetée : c'est là que se trouve la personne en question. Comme tu ne sais pas lire, je vais te tracer ton itinéraire, car je te défends de montrer à qui que ce soit l'adresse de ce billet.

— Diable ! diable ! pensa le fermier, je suis sûr que c'est un ministre, pour le coup !... ça se cache chez les jésuites, ces gaillards-là !

— Tu entreras par l'avenue de tilleuls, continua M. d'Arthenay. Arrivé en face du pavillon, tu prendras le premier corridor à gauche et tu frapperas à la seconde porte à droite.

Muni de ces renseignemens, Gros-Pierre partit et répéta tout le long du chemin :

— Entrer par les tilleuls... premier corridor à gauche, cogner la seconde porte à droite !

VIII.

LE JOUR DE L'ORDINATION.

Les cloches de la cathédrale sonnaient à grande volée. Les séminaristes, qu'elles appelaient à l'ordination, s'avançaient en silence dans les rues de Saint-D***, ayant à leur tête un nouveau chef spirituel que l'évêque avait envoyé, le matin même, pour remplacer l'abbé Duval.

L'ex-supérieur préparait ses malles, en écumant de rage. La veille, au palais épiscopal, il avait entendu prononcer sa destitution, et, ni l'aveu complet de sa faute, ni les assurances qu'il prodiguait de son repentir, n'avaient pu faire révoquer la sentence fatale. Il avait pleuré aux genoux de son évêque ; il s'était courbé, suppliant, sous l'humiliation dont on chargeait sa tête ; mais ses larmes tardives et ses inutiles protestations furent accueillies avec froideur et mépris. Il dut sortir, la honte sur le front et le désespoir dans le cœur, de ce même lieu dans lequel il était venu pour jouer l'hypocrisie et tâcher d'escamoter un camail de chanoine.

Si M. d'Arthenay eût pu voir son directeur, au milieu des fougueux transports qui l'agitaient dans sa cellule ; s'il l'avait vu briser ses meubles, déchirer ses livres ; s'il l'avait entendu lancer d'effroyables malédictions contre son évêque, il eût douté, sans contredit, du témoignage de ses sens et n'aurait pu croire à cette subite métamorphose de l'agneau en tigre, de l'ange en démon.

— Oh ! cette femme ! s'écriait le furieux, dont les membres se crispaient comme ceux d'un frénétique, n'aurai-je pas sa vie, pour l'empoisonner et la flétrir, comme elle empoisonne et flétrit la mienne ? Après dix années, elle retrouve toute sa haine, implacable comme au premier jour... Et dois-je m'en plaindre, moi, lâche et insensé qui, au lieu de la tuer quand elle avait mon secret, me suis mis à fuir, prenant une cause purement physique pour un signe de la colère du ciel ?... Qui aurait osé m'accuser d'un meurtre alors ? Qui aurait eu la pensée de soupçonner l'homme vertueux proposé pour modèle à tous ceux qui suivaient la retraite?... Oui, l'homme vertueux! Je le serais encore, si j'avais étouffé cette voix qui m'accuse aujourd'hui ; je n'aurais pas été obligé de m'avilir, en descendant vainement à la supplication devant cet homme qui me couvrait d'opprobre... N'a-t-il donc rien à se reprocher, lui ? Si l'on essayait de percer le mystère dont il sait couvrir sa conduite, ne trouverait-on pas quelque secret bien infâme qu'on pourrait aussi lui jeter à la face?... Malheur! cette femme se rira-t-elle impunément de ma honte ? faudra-t-il partir sans assurer ma vengeance ?... Elle m'a donné l'exemple d'une haine qui ne sait pas s'éteindre, je le suivrai! J'attendrai que l'oubli soit tombé sur mon nom, que l'on ait perdu jusqu'à mon souvenir... et je saurai la retrouver, alors! Je m'attacherai à ses pas comme son mauvais génie; si je ne puis arriver jusqu'à elle, je frapperai ceux qui lui sont chers...

Et quand elle versera des larmes de sang, quand elle maudira l'existence, appellera la mort, je serai là pour lui dire : Souviens-toi du prêtre!

L'abbé Duval entendit frapper à sa porte. Il composa son visage et s'agenouilla devant le grand crucifix de sa cellule; mais ce fut de l'hypocrisie en pure perte, car Gros-Pierre qui passait, en entrant, du grand jour à l'obscurité, ne put l'apercevoir dans cette pieuse attitude.

— Ah ça, je me suis donc trompé? se dit le montagnard, en pénétrant dans cette espèce de bouge : il paraît que c'est la cave ici!

— C'est ma chambre, mon ami, dit l'abbé Duval : que désirez-vous?

— Elle est soignée vot' chambre, monsieur le ministre! répliqua Gros-Pierre. Puisque vous étiez si bien logé à Paris, il ne fallait pas vous mettre dans le cas de changer votre cheval borgne contre un cheval aveugle.

— Que veut-il dire? se demanda l'abbé Duval, tout surpris de cet étrange langage.

— C'est juste ! je ne suis pas censé savoir... Voilà une lettre de M. le marquis : prenez-en lecture et donnez-moi vos ordres : je suis payé pour vous obéir...

— Oh ! oh ! continua Gros-Pierre, dont les yeux commençaient à s'habituer à la sombre clarté de la cellule, il paraît que vous avez pris la robe noire pour mieux cacher vot' jeu... Est-ce que vous garderez c't habit-là chez moi ? Il est gentil, le costume, réjouissant, surtout !

L'abbé, qui venait d'achever la lecture de la lettre de M. d'Arthenay, prit avec transport la main du paysan.

— Mon ami, je suis sauvé ! Ta ferme est près du château, n'est-ce pas ?

— A une portée de fusil, monsieur le ministre.

— Oh! madame de Verneuil, murmura le prêtre avec une joie féroce, je vous tiens donc enfin !

— Partons-nous ? demanda Gros-Pierre.

— D'abord il faut que tu me procures des vêtemens séculiers ; puis tu viendras prendre mes malles et tu les porteras au bureau d'une voiture quelconque... Nancy, Strasbourg, peu m'importe ! Envoie-les aux antipodes, au diable, si tu veux... Je ne tiens ni aux hardes, ni aux bouquins qu'elles contiennent : l'essentiel est que l'on me croie bien loin d'ici... tu comprends ?

— Parbleu, si je comprends ! Savez-vous qu'au moindre soupçon on vous mettrait lestement la main sur le collet ?... Ministre du roi déchu, vous avez fait de fameuses brioches!

— Tu me prends donc pour un ministre ?

— Ah! ah! vous voilà pincé! Mais soyez tranquille, j'ai reçu des espèces pour me taire.

— Au fait, reprit l'abbé Duval, je suis tout ce que tu voudras. Reviens ce soir avec des habits : je serai prêt à te suivre.

Gros-Pierre sortit en chantant à tue-tête dans les corridors :

Enfoncés, enfoncés,

Charles X et les curés!

Or le chapelain du château, l'abbé Pothier (car il faut enfin l'appeler par son nom), qui s'était dirigé d'abord vers la cathédrale avec les séminaristes, ne voyant pas l'abbé Duval au milieu d'eux, revenait sur ses pas, afin de calmer les inquiétudes qu'il avait conçues relativement à la santé de son protecteur. Il rencontra Gros-Pierre, et ce dernier, qui se trouvait dans un de ses accès de libéralisme, s'oublia jusqu'à lui chanter son refrain presqu'à bout portant.

— Abomination de la désolation ! s'écria le scandalisé chapelain, en se précipitant tout effaré chez l'abbé Duval : l'impie est entré dans le sanctuaire, des chants profanes et patriotiques retentissent dans la maison du Seigneur !... J'en ai frémi d'indignation, depuis l'orteil jusqu'à la racine des cheveux... Si vous l'aviez entendu, monsieur le supérieur !

— Je ne suis plus supérieur, dit froidement l'abbé Duval : j'ai présenté hier ma démission. Veuillez, monsieur, ne plus me donner un titre auquel j'ai renoncé.

Le chapelain resta les bras pendans et la bouche entr'ouverte : il semblait être atteint d'un pétrification soudaine.

— Et mon presbytère ?... murmura-t-il, en regardant avec des yeux hébétés son impassible interlocuteur.

— Il n'y a point de cure vacante, reprit l'abbé Duval. Retournez donc provisoirement auprès de M. d'Arthenay, mais bornez-vous à lui dire la messe tous les matins. Le marquis est vieux : il ne faut pas le fatiguer de lectures et de sermons. Récitez votre bréviaire, touchez vos appointemens, et laissez, après le repas du soir, M. d'Arthenay se livrer seul à ses méditations. Voilà ce qu'il m'a prié lui-même de vous dire, lorsque je lui ai fait mes adieux. Je vais aller aux Missions-Etrangères convertir les infidèles : priez pour moi, mon cher abbé!... Puissé-je obtenir la palme du martyre!

— O saint homme ! saint homme ! s'écria le pauvre chapelain qui fondait en larmes.

— Adieu, mon fils, dit l'abbé Duval : votre chagrin pourrait ébranler ma résolution.... Nous nous reverrons au ciel !

Le chapelain se mit à genoux et reçut, en

sanglotant, la bénédiction du futur missionnaire.

Cette scène attendrissante avait eu un témoin. L'abbé Pothier, dans son indignation contre le chant *patriotique* de Gros-Pierre, avait laissé la porte de la cellule ouverte, et l'ex-supérieur fut étrangement surpris de voir un jeune homme, en habit de laïque, s'agenouiller à son tour et lui dire avec le ton de la raillerie :

— Ne donnerez-vous pas aussi votre bénédiction à une pauvre brebis égarée qui s'est enfuie du bercail sans prendre congé du pasteur ?

L'abbé Duval reconnut Arthur, le plus étourdi de ses disciples, celui contre lequel son influence avait toujours échoué. Prévoyant qu'il allait jouer un rôle ridicule, il congédia le chapelain d'un signe de tête, et forçant le railleur à se relever sans bénédiction :

— M'expliquerez-vous, monsieur, lui dit-il, ce que signifie une pareille conduite ?

— Pardon, monsieur le supérieur.... Mais j'ai cru devoir imiter cet excellent abbé Pothier qui nous a fait de si délicieuses réflexions sur le livre de Ruth et qui a failli me faire étouffer d'un accès de gaîté.

— Et pourquoi n'êtes-vous pas à l'ordination, monsieur ? Comment osez-vous porter ici ce vêtement profane ?

— Ne vous souvient-il plus, monsieur le supérieur, dit Arthur, qu'hier un séminariste passa près de vous, pendant votre conversation, sous le vestibule, avec le marquis d'Arthenay : ce séminariste, c'était moi. Lorsque vous m'appelâtes, je ne me sentais plus aucune disposition à l'obéissance et je pris le chemin le plus court pour aller rendre visite à Léon.

Je revins ensuite chez mon père, dans la crainte qu'il ne lui prît aussi fantaisie de me déshériter.... Voilà pourquoi je ne suis pas aujourd'hui à l'ordination.

— Si je vous comprends, jeune fou, dit l'abbé Duval avec un accent de colère, vous venez ici pour me braver ?

— Je n'ai eu d'autre but que de venir vous expliquer la cause de mon évasion, reprit Arthur en ricanant. Pardonnez-moi, si je me suis présenté devant vous avec cet habit : c'est le seul que je doive porter désormais... Adieu, monsieur. Je viens d'apprendre involontairement que vous partiez pour les Missions-Etrangères... Puisque vous avez la passion des héritages, je désire, si toutefois vous allez en Chine, qu'un mandarin vous couche sur son testament.

Arthur fit bien de sortir, car ses paroles avaient rallumé toute la fureur de l'abbé Duval. Celui-ci venait enfin de comprendre quelle avait été la cause de la catastrophe de la veille et pourquoi l'évêque d'H*** n'avait pas tenu sa promesse.

— Ainsi me voilà bafoué, s'écria-t-il, par ceux qui, hier encore, étaient sous ma dépendance ! Ce jeune insolent vient tout exprès insulter à ma ruine à laquelle il a contribué... Il connaît mon secret peut-être ! Oh ! vengeance ! vengeance !... Celle qui me fait subir ces humiliations et ces outrages ne pourra jamais payer assez cher mon orgueil blessé, mon avenir perdu ! Chassé, flétri, contraint de me cacher comme un malfaiteur, que deviendrai-je après la mort du marquis ? Quelle existence sera la mienne, puisqu'il m'est impossible d'effacer ce caractère de prêtre gravé maintenant sur mon front comme un cachet d'opprobre ? Repoussé par l'Église qui ne me pardonnera jamais une faiblesse, banni par la société tout entière qui ne m'épargnera pas les titres odieux de renégat, de parjure, je n'ai plus de ressources que dans le crime..., mais le crime prudent qui frappe à coup sûr, sans avoir à redouter la verge des lois ; le crime avec les dehors de l'innocence, celui qui procure toutes les jouissances de la vie, la fortune, le plaisir, au prix seulement du remords... Le remords ! je sais déjà comment on parvient à l'étouffer, comment on se rit des scrupules et des terreurs paniques de sa conscience. Et l'enfer, cet épouvantail des sots, depuis long-temps je ne le crains plus. Enchaînement funeste de circonstances, fatalité ! voilà toute la vie ! Lorsque le premier sentiment d'amour pour cette femme s'est glissé dans mon cœur, n'ai-je pas appelé à mon secours tout ce qui pouvait empêcher ma chute ? J'ai succombé néanmoins... Et depuis, ai-je été libre de me dépouiller de cet extérieur religieux que m'imposaient mes premiers sermens? Avais-je une autre alternative que celle de l'impudeur ou de l'hypocrisie?.. Fatalité donc! et qu'ai-je à craindre? Pourquoi reculerais-je devant ce qu'on appelle un crime?

L'homme qui se tenait à lui-même un pareil langage fut, peu d'heures après, quasi porté en triomphe et reçut l'ovation la plus complète.

Le chapelain s'étant empressé d'annoncer aux séminaristes, à leur retour de l'ordination, que l'abbé Duval partait pour aller travailler à la conversion des infidèles, la communauté réunie fit invasion dans la cellule du nouvel apôtre. Les uns se prosternèrent à ses pieds pour baiser le bas de sa robe, les autres pressèrent ses mains contre leurs lèvres, tous le canonisèrent d'avance et proclamèrent ses vertus avec enthousiasme.

L'abbé Duval ne perdit pas une si belle occasion de se venger de son évêque et de rendre incroyables les bruits flétrissans qui pourraient se répandre plus tard. Il conduisit à la chapelle tous ses anciens disciples. Un TE DEUM solennel fut chanté pour remercier Dieu qui venait d'inspirer à son ministre une si noble vocation ; et lorsque l'abbé Duval sortit, après avoir fait les adieux les plus touchans, des sanglots soulevaient toutes les poitrines, des pleurs coulaient de tous les yeux.

Cette comédie s'était jouée en présence du nouveau supérieur, dont tous les efforts furent impuissans pour la prévenir, et l'autorité trop faible encore pour l'empêcher.

L'abbé Duval passa devant lui avec la majesté d'un triomphateur et lui lança un regard où se peignait toute l'indignation de l'innocence persécutée.

La nuit vint, et Gros-Pierre apporta des

habits qu'il avait achetés chez un fripier et qu'il se proposait de faire payer chèrement à M. d'Arthenay. L'abbé Duval s'en revêtit aussitôt et jeta dans un coin son vêtement ecclésiastique ; avec la satisfaction d'un homme qui se débarrasse d'un pesant fardeau.

— Maintenant, dit-il à Gros-Pierre, comme je veux que personne ne me voie sortir d'ici, va m'attendre au pied de la montagne, près de la CROIX DU PENDU.

— Merci ! répondit le fermier. Quand je passe de ce côté-là pendant le jour, c'est que je ne peux pas faire autrement.... Tâchez un peu que j'aille y bivouaquer, la nuit !

— Tu es payé pour m'obéir...

— Oui, mais le JACOBIN n'a qu'à me tordre le cou... mon obéissance me coûtera cher.

— Imbécile ! est-ce que les morts reviennent ? Si tu perds un seul cheveu de ta tête, je te permets de m'attacher à la même place où s'est pendu le révolutionnaire.

Le libéralisme du fermier n'allait pas jusqu'à le rendre esprit fort. Il partit donc tremblant pour sa peau et médiocrement rassuré par la perspective de pendre le *ministre*, s'il lui arrivait d'avoir quelque démêlé avec un habitant de l'autre monde.

Peu de temps après le départ de Gros-Pierre, l'abbé Duval s'échappa par l'étroite lucarne de sa cellule, referma de son mieux la fenêtre en dehors et franchit le mur d'enceinte avec autant d'agilité qu'Arthur, qui l'avait franchi la veille.

Comme on ne le trouva plus chez lui le lendemain et que, d'un autre côté, le portier de la maison ne l'avait pas vu sortir, quelques bonnes ames, parmi les séminaristes, se figurèrent que les anges l'avaient enlevé pendant son sommeil, pour le transporter en ligne directe aux Grandes-Indes ou au Japon, chez les peuplades infidèles qu'il allait convertir à l'Évangile... La preuve en était que la soutane du saint missionnaire était restée dans sa chambre, vu sans doute la précipitation des anges à le faire voyager à travers cieux. Donc la soutane fut mise en morceaux et lesdits morceaux furent placés dans le scapulaire des séminaristes comme autant de précieuses reliques.

FIN DE LA PREMIÈRE PARTIE.

DEUXIÈME PARTIE.

VENGEANCE.

IX.

LA CROIX DU PENDU.

(Episode.)

Au pied de l'Ormont, la plus gigantesque des montagnes des Vosges, près des ruines éparses d'une chaumière, et sur l'embranchement de deux chemins, dont l'un, qui conduit à la petite ville de Saint-D**, présente à peine quelques traces du passage des hommes, et dont l'autre, hérissé de ronces et de bruyères, va se perdre, noir et tortueux, sous les sapins de la montagne, se trouve une croix blanche comme les ossemens d'un sépulcre... c'est la CROIX DU PENDU !

Autour de cette croix les champs sont stériles, car le montagnard des Vosges ne sème pas sur une terre maudite. Il a graduellement reculé sa chaumière, jusqu'à ce qu'il ait perdu de vue l'objet de sa terreur; et, s'il lui arrive de passer, à l'approche de la nuit, près de la croix fatale, il presse le pas et rentre chez lui, pâle et tremblant, comme s'il eût été poursuivi par un fantôme. Sa femme et ses enfans devinent alors quel chemin il a pris et lui demandent avec épouvante s'il a rencontré le JACOBIN.

Dans le voisinage de ce monument mystérieux, la nature est cependant aussi belle que partout ailleurs : le muguet et la violette fleurissent, au printemps, sur le bord du chemin ; les oiseaux chantent sous l'ombrage ; le ruisseau limpide murmure doucement entre ses rives ornées de touffes de bruyère... Mais le berger n'y conduit jamais son troupeau ; jamais les jeunes paysans ne viennent s'asseoir avec leurs amoureuses sur la mousse verdoyante qui borde les rives du ruisseau et la lisière de la forêt, car, de ces lieux, on découvre la Croix du pendu... Dès lors, les chants du berger s'éteignent ; les jeunes paysans n'ont plus le courage de tenir de doux propos d'amour...

Pendant une soirée d'hiver, quelques montagnards, réunis à la veillée, devisaient joyeusement entre eux. Ils m'avaient admis à leur repas frugal et j'étais assis près de l'âtre hospitalier, lorsqu'il me vint à l'esprit de leur parler des apparitions du révolutionnaire et de leur demander quels souvenirs se rattachaient à la Croix du pendu.

Je vis aussitôt les jeunes filles se rapprocher de leur mère par un mouvement d'effroi. Toutes ces figures hâlées de paysans, blanchies alors par la terreur, se tournaient avec anxiété vers la porte de la chaumière : il semblait que j'eusse évoqué le fantôme et que les montagnards s'attendissent à le voir paraître.

Quand le premier effet de la crainte fut dissipé ; lorsqu'on eut bien compris que ce n'était pas le bruit de la marche du pendu que l'on entendait au dehors, mais le clapotement de la pluie dans la mare voisine, que le vent seul faisait entendre ses gémissemens, et non l'ame damnée du Jacobin, le plus vieux des montagnards alla fermer la porte au verrou. Revenant s'asseoir ensuite au milieu du cercle silencieux qui se resserrait autour de lui, il commença sa lugubre histoire.

« Je vous prends tous à témoin, mes enfans, que je ne raconte à monsieur les crimes et le terrible châtiment de Jean Brissac que pour montrer comment le bon Dieu traite les méchans et les révolutionnaires... Que la sainte Vierge et mon ange gardien me préservent donc de la visite du fantôme ! »

— Amen ! répondirent tous les autres.

« Or vous saurez, monsieur, continua le vieux montagnard, qu'autrefois, à la place de ces ruines que vous avez dû remarquer à côté de la croix, se trouvait une ferme qui avait pour dépendances bien des terres aujourd'hui incultes. Cette ferme appartenait à Nicolas Brissac, brave homme, s'il en fut jamais. Moi qui vous parle, je l'ai connu, et je puis vous assurer qu'il était rempli de probité et de religion. C'est lui qui avait fait élever cette croix, à deux pas de sa porte : cela voulait dire au voyageur attardé qu'il trouverait à la ferme bon visage et bon lit ; à tous les pauvres, qu'on ne leur refuserait pas un morceau de pain, ni une botte de paille dans la grange... Vous le voyez, j'avais raison de vous dire que Nicolas Brissac était un brave homme. Il méritait d'avoir un autre fils que le sien... car, mes enfans, vous le savez tous, c'est son fils qui l'a fait mourir... »

— Oui, père, dirent les paysans.

« Jean (c'était le nom du fils de Nicolas Brissac) avait été gâté par sa mère. Dieu pardonne à la pauvre femme ! mais elle en avait fait un triste sujet. Figurez-vous, monsieur, que ce bandit passait toutes ses journées à la ville, dans les cabarets, avec des filles perdues, et que, bien loin de s'amender à la mort de son père, il se livrait de plus en plus à la débauche. Il restait souvent des semaines entières sans rentrer à la ferme... et sa vieille mère pleurait, il fallait voir ! Elle n'osait rien dire à Jean, car, une fois pris de vin, il jurait à faire trembler le ciel et la moindre observation le mettait en fureur. Il battait sa mère... N'est-ce pas, mes enfans, qu'il la battait ? »

— Oui, père... Un soir, il la tira hors de son lit et la traîna jusqu'à la grange où la pauvre femme fut trouvée, le lendemain, presque morte de froid.

« C'est vrai... C'est pourtant vrai cela, monsieur! Ma mémoire se perd, voyez-vous, mais les enfans m'aideront. Oui, Jean Brissac battait sa mère, et Dieu ne voit pas d'un bon œil les mauvais fils : aussi Jean Brissac a été maudit!... La révolution arriva... »

— Mais, père, interrompit l'aîné des fils du vieillard, vous oubliez de parler de mademoiselle Catherine et de M. le *doyen* (c'est ainsi que les montagnards appellent leur curé).

« Sois tranquille, mon garçon : ce ne sont

pas ceux-là que j'oublierai jamais!... Imaginez-vous, monsieur, que nous avions alors pour doyen le plus saint homme de la terre. Il avait recueilli chez lui une de ses nièces, pauvre orpheline qui n'avait plus que lui de parent. C'était un ange que mademoiselle Catherine!... Combien de fois ne l'ai-je pas vue porter des secours dans les chaumières écartées du hameau, et cela par le plus mauvais temps comme par le plus beau soleil?... Les pauvres ne pouvaient assez la bénir, et nous la chérissions tous. Avec cela qu'elle était belle, mais belle comme la vierge Marie! Toutes les mères l'auraient voulue pour fille et tous les garçons la demandaient pour femme. Eh bien, croiriez-vous, monsieur, que Jean Brissac, le mauvais sujet, l'ivrogne, Jean Brissac qui battait sa mère, devint amoureux de mademoiselle Catherine? Elle le détestait, vous comprenez bien; la bonne fille, si douce et si pieuse, ne pouvait aimer un pareil monstre. Jean ne se découragea pas : il la suivait partout et lui tenait des propos à la faire rougir jusque dans le blanc des yeux. A peine si, depuis sa première communion, il avait mis le pied à l'église : il ne manquait plus de s'y trouver, le dimanche, et se plaçait près du banc de la jeune fille, pour mieux la dévorer du regard. Tout le monde était indigné d'une telle persécution. La chère enfant n'osait plus sortir, même pour aller à la messe : c'était ma femme, Dieu veuille avoir son âme! qui portait aux malades des bouillons et du pain, car mademoiselle Catherine avait confiance en nous ; elle nous aimait et M. le doyen aussi... Pauvres bonnes gens, dire qu'on les a guillotinés ! »

Deux grosses larmes coulèrent sur les joues ridées du vieux montagnard.

« Vous ne les avez pas connus, vous autres,

ni vous non plus, monsieur... mais vous me pardonnerez si je pleure. Dame, voyez-vous, c'est plus fort que moi ! »

— Si vous voulez, père, je continuerai.

« Merci, garçon... c'est fini, je ne pleure plus. Pauvre vieux doyen, chère demoiselle ! Allons, ils sont avec le bon Dieu : je les reverrai bientôt. Je vous disais donc que mademoiselle Catherine ne sortait plus. Jean Brissac voulut la revoir à toute force, et, comme il n'osait pas se présenter de sang-froid chez le doyen, il s'enivra pour y aller... Jugez comme le digne homme le reçut ! Il lui reprocha son intempérance, son indigne conduite envers sa mère, et tout cela avec douceur; mais c'était prêcher une brute. Jean ne l'écoutait pas; il le menaçait avec des juremens effroyables de le tuer, s'il ne lui donnait pas sa nièce pour femme... tant qu'enfin le bon prêtre perdit patience et le mit dehors par les épaules. Le lendemain, mademoiselle Catherine entrait au couvent.

» C'est ici que commencent les malheurs, car la révolution était en train de faire du bel ouvrage... Ce n'est pas qu'elle nous donnât beaucoup d'inquiétude, à nous pauvres montagnards : nous savions cacher nos prêtres. En dépit des jacobins et des gendarmes, nos enfans étaient baptisés et personne ne mourait sans recevoir les sacremens. Ici, monsieur, dans cette chambre, notre saint doyen disait la messe tous les jours. Cette porte que vous voyez, là-bas, est celle de la chambre qu'occupait sa nièce... Car il faut vous dire que, le jour où les religieuses furent chassées, j'avais été la prendre pour l'amener chez moi. Mais il ne faut qu'un scélérat pour rendre inutiles tous les efforts des bons. Vous devinez déjà que Jean Brissac, le bandit, trouvait son compte au milieu des infamies de la révolution. Il était du club des jacobins... Il fallait l'entendre déclamer contre les nobles et les prêtres ! Il en disait mille horreurs... c'étaient des blasphêmes dont le moindre méritait l'enfer ! Cependant il devenait riche, en achetant à vil prix les biens de ceux qu'il avait dénoncés. Nous prenions une foule de précautions pour lui cacher la retraite de M. le doyen et de mademoiselle Catherine, car il avait juré de s'en venger... Hélas ! Il n'y réussit que trop bien, l'infâme ! Il s'était fait mettre à la tête de la commission chargée d'ouvrir la porte du couvent. Placé sur le seuil, il arrêtait toutes les religieuses au passage, les accablait d'injures, arrachait leur voile, et, ne trouvant pas celle qu'il cherchait, il parcourut comme un furieux toute la maison, brisant les portes des cellules et bouleversant les dortoirs, sans la rencontrer, puisque je l'avais mise en sûreté la veille. Ce n'était plus un homme, c'était un démon ! Nous l'avons vu, ce jour-là, parcourir le hameau avec les gendarmes et faire des perquisitions dans les chaumières. Il nous menaçait tous du bourreau, comme si la crainte de la mort pouvait nous forcer à lui livrer ses victimes... Ah ! monsieur, il n'y en avait pas un seul, parmi nous, qui n'eût présenté vingt fois son cou à la guillotine, plutôt que de vendre la cachette du doyen et de sa nièce !

» Ils étaient pourtant dans un puits, ces pauvres bonnes gens !... J'avais fait pratiquer une espèce de niche, à trente pieds du sol, qui pouvait contenir, au besoin, quatre à cinq personnes. Jean Brissac ne les trouva pas. Il partit en m'appelant traître, suspect, royaliste : c'était me faire plaisir, à moi, que de me donner tous ces noms-là !

» Pendant la perquisition, le monstre avait eu les yeux continuellement fixés sur moi.

Sans doute il m'avait vu changer de couleur, car je me suis souvenu depuis qu'il avait parlé bas à l'oreille des gendarmes. J'aurais dû mettre quelqu'un de nos gens à sa piste pour m'assurer s'il retournait à la ville... Hélas! je n'y songeai pas dans le moment, tant j'avais hâte d'aller tirer mes chers prisonniers de la cachette humide où j'avais bien été forcé de les descendre. Je les fis sortir du puits; ils étaient transis de froid: encore un peu, mademoiselle Catherine aurait perdu connaissance. Je les plaçai près d'un bon feu, pour ranimer leurs membres engourdis... C'était encore ici, monsieur, devant ce foyer. Là où vous êtes, j'avais assis notre vénérable doyen; j'étais à ses genoux et je réchauffais ses mains glacées avec mon haleine, pendant que ma femme aidait mademoiselle Catherine à se déshabiller pour se mettre au lit, car la pauvre enfant tremblait la fièvre... C'est égal; nous pleurions de joie, nous les croyions sauvés... Mon Dieu! mon Dieu! »

Les sanglots du vieillard l'empêchèrent de poursuivre son récit. Sa douleur était communicative : tous les paysans fondaient en larmes ; je pleurais aussi.

— Jacques, dit-il à l'aîné de ses fils, achève à monsieur : j'ai trop compté sur mes forces... Après tant d'années, ça me fait encore le même effet que le premier jour : ces chagrins-là ne passent pas!...

Jacques s'essuya les yeux et reprit, en ces termes, la narration interrompue :

« Jean Brissac n'était pas retourné à a ville, ni les gendarmes non plus : il les fit entrer chez sa mère qu'il n'avait pas vue depuis six mois, et la trouva priant Dieu. Aussitôt il l'appela vieille bête, gueuse d'aristocrate, et la fit lever brutalement pour aller lui tirer à boire. Les gendarmes, tout mauvais chrétiens qu'ils étaient, en furent indignés.

» — Il n'y a plus de bon Dieu, dit Jean, pourquoi prie-t-elle ? Ne prenez pas la défense des aristocrates, ou je vous dénoncerai tout comme les autres.

» La pauvre femme remonta de la cave, pâle comme une morte : elle tremblait de frayeur en posant la bouteille devant son fils.

» — Eh bien ! ma mère, dit Jean, nous sommes à la chasse des suspects !... Nous venons de manquer le doyen et sa nièce ; mais patience ! ils reviendront au poulailler et nous les pincerons tout à l'heure, car ils sont chez Baptiste, c'est sûr ! Je l'ai vu dans ses yeux... Allons, buvez, vous autres ! ça vous donnera du poignet pour mettre la main dessus.

» — Jean, lui dit sa mère en joignant les mains, vous ne ferez pas une pareille chose... Oh ! dites, vous n'irez pas chez Baptiste !

» — Bon ! vous entendez, camarades ?....
Quand je vous le disais ! j'ai le nez fin... Ah !
nous n'irons pas chez Baptiste, vieille folle?...

» — Non !.... vous n'irez pas, Jean, parce que
votre mère vous en prie... à genoux, tenez,
je suis à vos genoux ! C'est M. le doyen qui
vous a fait faire votre première communion,
Jean ; c'est lui qui a veillé près du lit de mort
de votre père et qui lui a fermé les yeux....
Oh ! non, vous n'irez pas, c'est pour me faire
peur !... Pourquoi es-tu comme cela pour ta
vieille mère, méchant garçon ? Tu sais pourtant que je t'ai toujours bien aimé ! Voyons,
je ne veux pas te faire de reproches, puisque
tu viens me rendre visite aujourd'hui... Jean,
mon fils, il y avait bien long-temps que je
ne t'avais vu: je craignais de mourir sans
pouvoir te donner ma bénédiction.

» Les gendarmes détournaient la tête pour
pleurer ; mais Jean Brissac ne pleurait pas,

lui !... Même il repoussa sa mère qui voulait l'embrasser.

» — Encore un coup, mes braves ! dit-il aux gendarmes, et sus à la besogne ! ou les oiseaux pourraient bien être dénichés.

» — Mais c'est donc vrai, malheureux ? tu vas pour les arrêter ? demanda sa pauvre mère avec désespoir.

» — Et pas plus tard que demain, répondit Jean, le bourreau leur dira deux mots de ma part pour les apprendre, l'une à faire la bégueule, et l'autre à me mettre à la porte de chez lui.

» — Monstre ! s'écria la vieille femme avec une énergie qu'elle n'avait jamais eue en parlant à son fils, tu ne sortiras d'ici qu'en passant sur mon corps !

» — Nous y passerons, dit froidement le bandit.

» Il se dirigeait vers la porte ; mais sa mère

se cramponnait à ses habits, et il fit de vains efforts pour lui faire lâcher prise. Ils sortirent, lui jurant comme un damné, elle le tenant toujours avec force, jusqu'à ce qu'ils fussent au pied de la croix.

» — Me lâcherez-vous! dit le furieux en grinçant les dents.

» — Non ! lui cria sa mère : tue-moi ! tue-moi !... Mais ce crime, tu ne le commettras que lorsque je serai morte !

» — Vous l'avez voulu ! dit Jean Brissac d'une voix terrible.

» En même temps, il lui asséna un coup si violent, que la tête de la malheureuse alla rebondir contre l'angle de l'énorme pierre qui supporte la croix.

» Le contre-coup renvoya la victime rouler aux pieds de l'assassin... Jean ne se donna pas la peine de relever ce qu'il ne croyait plus qu'un cadavre. »

— Oh ! m'écriai-je saisi d'horreur, un pareil monstre a-t-il réellement existé ?

— Mon Dieu, oui, monsieur ! me dit le vieux montagnard : tout s'est passé comme Jacques le raconte. C'est que le crime, voyez-vous, ressemble à la boule de neige qui se détache d'un rocher : elle se grossit en descendant la montagne et finit par déraciner les plus forts sapins. Souvent même elle renverse les chaumières de la vallée... Jean Brissac marchait depuis long-temps sur la pente du crime : le meurtre de sa mère ne l'arrêta pas.

« Il vint frapper à la porte de cette chaumière, continua Jacques ; et, comme on n'ouvrait pas assez vite, il la fit enfoncer par les gendarmes. Jugez du désespoir et de la douleur de mes parens ! Mademoiselle Catherine fut arrachée de son lit et garrotée par l'infâme, qui ne lui permit pas même de s'habiller. Mon père avait profité du premier moment de trouble pour se sauver, en emportant le vieux prêtre dans ses bras. Jean Brissac, avec deux gendarmes, se mit à leur poursuite... Hélas! le doyen ne pouvait pas marcher, et mon père, égaré par la frayeur, ne savait où diriger ses pas!... Ils furent atteints près de la criox.

» Le jacobin terrassa mon père ; puis il saisit le prêtre par ses cheveux blancs et l'attacha avec sa nièce que les autres gendarmes venaient d'amener...

» Mais la mesure était à son comble... Au moment où il insultait à ses victimes, sa mère, qu'il croyait morte, se releva toute sanglante et marcha droit à lui. Le mauvais fils, effrayé par cette apparition, voulut fuir : ce fut en vain... Dieu permit qu'il restât cloué, pour ainsi dire, à sa place.

» Il sentit deux mains chaudes de sang

s'appuyer sur son front, et la dernière parole de la mourante fut pour lui dire : — Je te maudis !!!

» Cette malédiction produisit son effet, monsieur. Au bout de deux jours, le vieux doyen et mademoiselle Catherine montaient sur l'échafaud; mais le Ciel vengeait déjà leur mort... Le jacobin ne pouvait plus effacer le sang qui couvrait son visage : tout le monde voyait les dix doigts de sa mère imprimés sur son front... et plus il s'efforçait de les faire disparaître, plus ils devenaient rouges et brûlans, car cette marque sanglante le brûlait au vif, comme le fer du bourreau.

» La rage le prit alors. Il mordait et voulait mettre en pièces tous ceux qui l'approchaient. On essaya de l'enfermer : il ne s'échappa que pour être conduit par la vengeance divine sur le lieu même de son crime.

» En reconnaissant l'endroit où il se trouvait, Jean Brissac fut saisi d'un redoublement de fureur. Il prit une torche et mit le feu aux bâtimens de la ferme. Voulant ensuite anéantir tout ce qui lui rappelait ses infamies, il attacha une corde aux bras de la croix que son père avait élevée... Mais au moment où il tentait de l'abattre, la corde, par un miracle du bon Dieu, l'attira lui-même et s'entortilla comme un serpent autour de son cou. Le parricide poussait des cris affreux... mais plus il se débattait, plus il sentait se serrer le nœud fatal, et la corde se rétrécissant, se rétrécissant toujours, il fut enlevé de terre et se trouva pendu !

» Voilà comment finit le jacobin. Personne ne détacha son corps, et les corbeaux du ciel l'eurent bientôt dévoré.

» Mais il revient, monsieur !...-Croyez-moi, ne passez jamais, après la chute du jour, dans les environs de la Croix du pendu, car vous le verriez encore, à la lueur de l'incendie, se tordre au bout de la corde fatale. Les fantômes de ses victimes sont là qui le maudissent... Souvent ils le détachent et le poursuivent en le frappant avec des torches enflammées. Le révolutionnaire se sauve pour échapper à ce supplice, et malheur à ceux qui se trouvent sur son passage!... Il les saisit à la gorge et les entraîne avec lui dans sa course furibonde. Les malheureux sont forcés de le suivre au travers de la plaine, sur la montagne, au milieu des précipices... mais jamais hors de la vue de la croix. Lorsque le jour commence à poindre, les fantômes ramènent le jacobin; la corde le saisit et l'enlève de nouveau; puis tout disparaît... vous êtes seulement délivré; mais c'est à en mourir de frayeur ! »

Jacques avait terminé son histoire. Tous les montagnards frissonnaient de la tête aux pieds... et moi, j'acceptai de bon cœur le lit que m'offrait le vieux Baptiste, car, pour retourner à Saint-D**, il m'eût fallu passer près de la CROIX DU PENDU (1).

(1) Cet épisode donne une juste idée de la foi naïve des habitans des Vosges. Le fait est que Jean Brissac s'est pendu tout naturellement aux bras de la croix; mais on serait mal reçu des montagnards si l'on mettait en doute l'authenticité du *miracle*.

X.

LA FERME.

L'abbé Duval était depuis long-temps au lieu du rendez-vous, car il avait pris un chemin beaucoup plus court que celui sur lequel le peureux fermier n'avançait qu'à pas lents. Bien résolu d'abord à surmonter sa frayeur, Gros-Pierre sentait renaître ses alarmes à mesure qu'il approchait de la Croix du pendu. De temps à autre, pour ranimer son courage, il palpait sa lourde sacoche, toute gonflée des écus du marquis, et se rappelait que la générosité de M. d'Arthenay ne s'en bornerait pas là : de sorte que l'avarice l'aidait à combattre la peur. Mais lorsque le chemin devint moins frayé et que les hautes bruyères qui perçaient la neige l'avertirent du voisinage de la croix, le pauvre homme se mit à trembler de tous ses membres ; ses dernières forces l'abandonnèrent et la sueur découla de ses tempes à gouttes pressées, malgré la brise qui lui soufflait au visage... Ce fut bien pis, lorsque, se hasardant à lever les yeux, il se trouva face à face avec une figure humaine qu'il prit immédiatement pour le fantôme...

Gros-Pierre n'avait pas encore vu l'abbé Duval dans son nouveau costume. Il n'eut pas un seul instant le soupçon que le ministre du roi déchu (car il était toujours tel à ses yeux) pût être arrivé le premier, et crut sincèrement qu'il allait avoir affaire au jacobin.

L'abbé Duval, qui devinait la cause du retard de son guide, voulut s'amuser de sa frayeur :

— Que viens-tu faire ici, maraud? lui dit-il en grossissant sa voix.

L'abbé prit mal son temps pour faire une plaisanterie. L'excès de la peur réveille parfois un courage d'autant plus dangereux qu'il est aveugle et ne raisonne pas : ce fut précisément l'effet que produisit sur Gros-Pierre la brusque apostrophe du prétendu fantôme. Il existe, chez les montagnards, une tradition qui leur conseille de saisir à la gorge le révolutionnaire, lorsque leur mauvaise étoile veut qu'ils en soient accostés, attendu que, la gorge étant son endroit sensible, c'est le plus sûr moyen, disent-ils, de lui faire lâcher prise.

Donc, le fermier ne fit qu'un bond et s'élança contre son adversaire qui, ne s'attendant pas à cette vigoureuse attaque, fut rudement couché sur la neige et sentit les doigts de fer du paysan s'appuyer sur son cou.

— Mais c'est moi, butor! cria d'une voix étouffée le malencontreux railleur, qui se voyait sur le point d'être victime d'une strangulation immédiate.

— Ah! c'est toi, buveur de sang, assassin, pendu!..., Tant mieux! tu vas passer un mauvais quart-d'heure.

Heureusement l'abbé Duval était robuste; il parvint à neutraliser cette énergique pression, et, s'il ne réussit pas à prendre le dessus, du moins il lui fut possible de parlementer, en tenant éloignés de son cou les bras nerveux du montagnard.

— Est-ce donc pour m'assassiner, demanda-t-il, que M. d'Arthenay t'a donné de l'argent?

— Hein?... comment c'est vous, monsieur le ministre? s'écria Gros-Pierre stupéfait, car, cette fois, l'abbé Duval s'était bien gardé de déguiser sa voix.

— Eh! oui, c'est moi!... Où diable as-tu jamais vu des fantômes en chair et en os, dis, brutal, paysan stupide?

— Oh! oh! des injures?...

— Vas-tu prolonger encore ma station dans la neige?

— Dame! ce n'est pas le tout d'être ministre, il faut être poli...

— Je te prie de me délivrer de ta lourde masse et de finir tes quiproquos... Je ne suis pas plus ministre que je ne suis jacobin ou fantôme.

— Bah! fit Gros-Pierre, qui lui permit enfin de se relever : à quoi bon vous cacher dans ma ferme alors ?

— Ai-je des comptes à te rendre ? dit l'abbé Duval, en secouant la neige dont ses habits étaient couverts. On a payé ta discrétion d'avance. Tu dois me loger chez toi, sans t'inquiéter de rien autre chose que de pourvoir à tous mes besoins.

— Sans doute, sans doute... mais il est toujours bon de savoir à qui l'on a affaire. Qui me répondra que vous n'êtes pas un voleur ou un assassin ?

— Je suis prêtre, insolent !

— Ah bah !... en voici d'une autre !

— M. d'Arthenay, dont tu vois en moi le confesseur et l'ami, ne recule devant aucun sacrifice pour ne pas être privé de mes secours spirituels ; et, comme des circonstances impérieuses m'empêchent d'habiter le château, il a choisi ta ferme pour ma demeure... Mais n'oublie pas que ton respect pour moi, joint à l'exactitude la plus scrupuleuse à garder mon secret, sera la mesure de la générosité du marquis à ton égard.

—Voyons, ne nous fâchons pas, monsieur l'abbé, dit Gros-Pierre : est-ce que je pouvais deviner tout cela?... Maintenant que je vous connais, soyez sûr que je donnerai le mot d'ordre à ma femme et à ma fille pour que rien ne vous manque. On bassinera votre lit, vous aurez bonne table et bon feu ; si mes poules pondent un œuf frais, ce sera pour vous... Mais dépêchons-nous de déguerpir : il ne fait pas bon causer ici !

Le fermier prit son hôte par dessous le bras et le força de se mettre au pas de course jusqu'à l'entrée de la même forêt dont les habitans avaient tant effrayé, la nuit précédente, Joseph et ses haridelles.

—A présent, dit Gros-Pierre, nous n'avons

plus à craindre que les loups : j'aime mieux cela ! Je vais allumer ma pipe, et si quelqu'un d'entre eux venait vous empoigner la cuisse, vous n'aurez qu'à me faire signe... J'ai dans ma poche un briquet phosphorique : ça les fera lâcher prise.

— Sommes-nous encore éloignés de la ferme ?

— Si nous pouvions suivre le grand chemin, nous aurions tout au plus pour vingt minutes de marche ; mais il faut prendre les sentiers détournés, c'est dans mes instructions..... Voulez-vous fumer ? j'ai toujours une pipe de rechange.

— Volontiers. J'accepte ce soir ton tabac de caporal... Demain, tu m'auras des cigares.

— Bravo ! s'écria Gros-Pierre, vous êtes un bon vivant de curé, nous serons camarades ensemble... En route ! et tenez moi par-dessous le bras, sans quoi vous pourriez mettre le pied dans les fondrières. Ma foi, j'aurais mal fait de vous étrangler tout-à-l'heure !... Tenez, je ne vais pas à confesse, parce que les autres, c'est un tas de jésuites... Mais à vous, je ne ferais pas difficulté de vous conter mes peccadilles.

— Merci de la préférence ! dit l'ex-supérieur en envoyant un nuage de fumée dans les narines de son guide.

— Diable ! fit le montagnard en éternuant, savez-vous, l'abbé, que vous vous en acquittez comme un tambour major ?

— C'est cela, parbleu !... ne te gène pas... *l'abbé* tout court !

— Voyons, soyez bon enfant jusqu'à la fin... si ça vous vexe, eh bien, je dirai *monsieur* désormais. Nous sommes mal appris, nous autres ; mais les sentimens sont toujours là... Vous me faites un drôle de plaisir, allez, en fumant dans ma pipe ! C'est ne pas être fier, au moins, cela ! aussi je me mettrais en quatre.... Avez-vous quelqu'un à faire assommer ?

— Peut-être... nous verrons plus tard.

— Alors, vous n'aurez qu'à me dire : Gros-Pierre, en avant ! je taperai ferme, soyez tranquille.

En devisant de la sorte, ils s'avançaient au travers de la forêt, ayant de la neige jusqu'aux genoux et se heurtant aux branches des sapins, qui secouaient sur eux leur chevelure de frimats. Parfois Gros-Pierre faisait une halte, frappait sa pipe et celle de l'abbé contre un tronc d'arbre, pour en faire tomber les cendres; puis reprenait gaîment le bras de son compagnon, quand les pipes étaient chargées et rallumées de nouveau. L'abbé Duval, qui sentait la nécessité de conquérir l'amitié de son hôte, afin d'en obtenir plus sûrement ce qui pourrait diminuer l'ennui de sa retraite forcée, ne s'offensait plus du ton familier sur lequel celui-ci continuait la conversation.

— Courage, l'abbé! disait le montagnard : ne laissez pas vos souliers dans la neige, et fumez dur! ça réchauffe.

— Mais tu vois que je m'en tire assez bien, Dieu merci! Jadis, lorsque j'étais soldat, je m'en acquittais mieux encore.

— Diable!... vous avez été soldat, vous?

— Oui, certes, deux ans. C'est ce brutal de Bonaparte qui m'a contraint, moi et bien d'autres, d'endosser la giberne... Heureusement sa déconfiture m'a rendu la liberté, car c'est bien le métier le plus stupide que je connaisse.

— Dites donc, l'abbé, vous parlez un peu lestement du grand homme, mon vieux!..... Le grand mal après tout, qu'il vous ait fait manger un peu de vache enragée! c'est ce qui vous a rendu bon enfant. Ah ça, vous me conterez votre histoire : elle doit être curieuse.

— Tu vas en juger, la voici en deux mots : Né à Paris en 94, orphelin à 16 ans; placé sous la tutelle d'un vieux prêtre, mon oncle, qui me laissa, en mourant, sa bénédiction pour tout potage, avec deux perruques et trois soutanes rapées; séminariste d'abord par pis-aller; soldat en 1812; protégé par l'évêque d'H***, qui m'installa au château d'Arthenay et me fit nommer plus tard supérieur du séminaire... Aujourd'hui : ZÉRO !

—Tiens, dit Gros-Pierre, vous me contez cela drôlement! Votre histoire ressemble à l'état de service de Thomas Gigoux, le caporal.

— Thomas Gigoux!... tu connais Thomas Gigoux? s'écria l'abbé Duval en imprimant au bras du fermier une secousse si violente que la pipe et le briquet phosphorique, que ce dernier tenait à la main, lui échappèrent et disparurent dans la forêt.

— Que le diable vous emporte! s'écria Gros-Pierre, à son tour : voilà ma pipe aux champs! une pipe si bien culottée!...

— Allons, prends la mienne et tais-toi, dit l'abbé Duval, honteux de son mouvement irréfléchi, et craignant que le fermier n'en tirât quelques conjectures...

— Hâtons-nous, continua-t-il, ta femme doit être inquiète...

— Tant pis! ma pipe avant ma femme... Il faut que je la retrouve.

— Es-tu fou ?

— Prenez les devants, si bon vous semble ; je vous dis qu'il me faut ma pipe.

— Mais il est bien plus simple de faire une marque aux arbres avec ton couteau... tu reviendras ici, demain, et tu la retrouveras sûrement.

— Au fait, vous avez raison, dit Gros-Pierre.

Et il fit de larges échancrures à tous les sapins d'alentour.

— Ah ça! reprit-il, après cette opération, quelle mouche vous a donc piqué tout-à-l'heure, quand je vous parlais de Thomas Gigoux?... Il paraît qu'il n'est pas de vos amis, le caporal, que vous me bousculez rien qu'en entendant son nom... Mais, c'est juste: il est de Paris aussi, lui!... Vous êtes peut-être de vieilles connaissances?

L'embarras de l'abbé Duval était à son comble: il balbutia quelques mots sans suite, et ce fut la première fois peut-être que sa présence d'esprit l'abandonna.

— En effet, dit-il, il me semble... Mais non, c'est une erreur. Thomas Gigoux, dis-tu?... je n'ai jamais connu personne de ce nom-là.

— Hum? hum! murmura Gros-Pierre à part lui, ceci me paraît louche !... En attendant, j'en suis pour ma pipe et mon briquet.

— A propos, dit l'ex-supérieur avec une vivacité maladroite qui redoubla les soupçons du fermier, j'oubliais de te dire que personne ne doit savoir qui je suis ni comment je me nomme... Fais-moi passer pour un parent éloigné que tu recueilles chez toi... J'arrive de l'Amérique; des spéculations commerciales m'ont ruiné... et je m'appelle... Alexis Lopez.

— Excusez! dit Gros-Pierre, vous n'êtes pas long à vous débaptiser... Malheureusement, il n'y a jamais eu de Lopez dans ma famille.

— Qu'importe ?... Je suis Espagnol de naissance; j'ai épousé une de tes sœurs, nièces ou cousines, comme tu voudras! Depuis longtemps tu me croyais mort, voilà pourquoi tu n'as jamais parlé de moi.

— Allons soit, monsieur Lopez : il faut en

passer par toutes vos fantaisies... J'aimerais presque autant faire de la fausse monnaie.

— Nous ne tarderons pas à arriver, j'es père, dit l'abbé Duval qui tenait à changer de conversation. Je parie que ta femme est dans une inquiétude mortelle et ta fille aussi... Est-elle bien, ta fille ?

— Que les femmes soient bien ou mal, répliqua Gros-Pierre, ça ne doit pas vous empêcher de dormir, puisqu'il vous est défendu d'en tâter. Certainement qu'elle est bien ma fille ! C'est une gaillarde, allez !... Les garçons ne lui content pas fleurettes à celle-là; j'en connais plus d'un qu'elle a souffleté d'importance...

— Cela prouve qu'elle a du nerf... et des mœurs, dit l'abbé Duval. Lui as-tu donné de l'éducation ?

— Ah ! dame, elle lit couramment dans un livre de messe et fait divinement un fromage.

elle n'a pas besoin de savoir autre chose pour être fermière.

— Cependant il me semble avoir entendu dire au château que tu étais riche. Alors comment n'as-tu pas mis ta fille en pension?... Tu aurais pu la marier à tout autre qu'à un paysan.

— D'abord, monsieur l'abbé, répondit sèchement Gros-Pierre, ceux qui vous ont dit que j'étais riche en ont menti, sauf vot' respect !... Je suis pauvre ; et quand bien même j'aurais eu de quoi donner de *l'inducation* à ma fille, je ne lui choisirais toujours pour mari qu'un paysan... Tâchez un peu que j'aille prendre pour gendre quelque freluquet qui me regarderait du haut de sa grandeur, tout en empochant mes écus ! Le notaire de Raon m'avait bien demandé Georgette... Mais va-t'en voir s'ils viennent !

— Fermière ou notairesse, ta fille n'en

serait que mieux si elle avait de l'éducation. Tu n'es pas civilisé, mon cher... Quel âge a-t-elle ?

— Dix-sept ans.

— En ce cas, il y a de la ressource. Je me charge de l'instruire : cela me distraira pendant le séjour que je ferai dans ta ferme... et mes leçons ne te coûteront rien.

— Nous verrons, nous verrons, monsieur Lopez ! Mais tenez, nous arrivons... Gare à vos mollets !

A peine Gros-Pierre avait-il donné cet avertissement à son compagnon, que deux énormes bouledogues s'élancèrent par dessus la haie d'enceinte qui fermait le jardin de la ferme. Après avoir caressé leur maître, ils s'approchèrent avec un grognement sourd des jambes de l'abbé Duval et ne parurent pas très satisfaits de la présence d'un étranger.

— Ici, Fox ! à la niche, Sultan ! cria le

montagnard. N'est-ce pas, monsieur Lopez, qu'ils sont bien baptisés mes chiens ?... C'est pourtant ce farceur de Thomas Gigoux qui leur a donné ces noms-là.

— Est-ce vous, père ? dit une jeune fille qui parut avec une lampe sur le seuil de la porte ?

— Oui, Georgette. Je reviens un peu tard, vois-tu, parce que je te ramène un cousin... Entrez donc, monsieur Lopez !

— Un cousin ? dit la jeune fille : alors il faut que je l'embrasse, n'est-ce pas, père ?

Elle sauta au cou de l'abbé Duval qui, déjà très à l'aise sous son costume de laïque, prit deux baisers de suite sur les joues roses de sa prétendue cousine.

— Doucement donc! doucement, l'abbé! lui dit Gros-Pierre à l'oreille : c'est du fruit défendu, mon vieux... Hein, qu'elle est bien ma fille ? Elle est la fiancée de Thomas Gigoux... Vous ferez connaissance avec lui : c'est un vieux garçon plein de franchise et de gaîté, qui aime le travail et la bouteille, un gendre comme il m'en faut un, quoi !

— C'est bien dommage que le marquis m'ait lié la langue, pensa le fermier : je saurais pourquoi le nom de Thomas me coûte ma meilleure pipe.

— Thomas Gigoux ! grommela le prêtre entre ses dents, est-ce encore la fatalité qui le place ici comme une pierre sur mon chemin ? Ce n'est peut-être qu'une ressemblance de nom... et puis il ne me reconnaîtrait plus !... Ah ! ah ! Thomas Gigoux, qui vouliez me faire fusiller jadis, si c'est bien vous, vous n'épouserez pas cette belle enfant, je vous le promets !... Et pourquoi pas ? se dit-il en réponse à l'une de ses pensées intimes : nous serons rivaux encore une fois !

Gros-Pierre alla secouer par le bras une

femme d'une quarantaine d'années qui dormait au coin du feu.

— Allons, Marianne, réveillons-nous! Ce soir nous avons du monde à souper, femme, et tu feras un lit de plus.

— Il n'y a pas de bons sens de revenir à c't' heure! dit la fermière au milieu d'un bâillement prolongé... Qu'est-ce que c'est qu' ça? reprit-elle en voyant l'abbé Duval qui la saluait.

— C'est un cousin, dit Georgette : je l'ai déjà embrassé, moi!

— Connais pas! dit Marianne en bâillant de nouveau. C'est de la contrebande, ce cousin là!... Est-ce qu'il va rester ici long-temps?

— Tais-toi, femme, lui dit Gros-Pierre à voix basse : il nous vaut déjà mille francs, le cousin... Nous en gagnerons bien d'autres : je te conterai l'aventure tout à l'heure... Tiens, voilà ma sacoche, mets-la sous clé.

— Mais, dit Marianne que cette demi-confidence avait entièrement réveillée, c'est l'argent du marquis que tu rapportes...

— Et cela, dit Gros-Pierre en lui montrant la quittance.

Pendant cet aparté conjugal, l'Espagnol improvisé s'était assis près du feu et regardait sa nouvelle habitation.

La pièce dans laquelle il se trouvait était haute et spacieuse, car elle servait de logement à toute la famille. Aux solives du plafond noircies par la fumée se trouvaient suspendues plusieurs cages dont les reclus faisaient entendre, pendant le jour, un ramage discordant et presque diabolique. Cette volière appartenait à Georgette qui comptait parmi ses oiseaux favoris un geai, une pie-grièche et un vieux corbeau dont le plumage était devenu couleur de cendre. Le geai et la pie-grièche sifflaient à plein gosier, le corbeau croassait comme une grenouille ; et dans une cage à l'écart, un merle noir au bec jaune, pauvre chantre incompris, ne pouvait placer une note au milieu du persifflage éternel de ses voisins. Immédiatement au dessous des cages, une table en chêne, sur laquelle se prenaient les repas de famille, restait continuellement dressée, vu que les pieds étaient fixés dans le sol. Quand la ménagère avait placé sur cette table la vaste terrine remplie d'un potage bouillant, maîtres et valets groupés à l'entour puisaient au plat, les uns sans répugnance et les autres sans gêne. Les murs étaient couverts de gravures grossièrement enluminées, parmi lesquelles figuraient plusieurs portraits du Juif-Errant. Les pots de lait, le beurre et les piles de fromages étaient entassés sur des planches huileuses, et cinq alcôves disposées à la file au fond de cette pièce montraient, au premier aperçu, que les habitans de la ferme couchaient, sinon pêle-mêle, du moins sous la même tente, avec la simplicité des mœurs patriarchales.

La fermière et Georgette s'empressèrent de préparer le souper, tout en dirigeant par intervalles un coup-d'œil curieux sur le nouveau venu. L'abbé Duval, que les alcôves avaient intrigué, prit Gros-Pierre à l'écart et lui demanda où était la chambre qu'il comptait lui donner.

— Celle-ci, répondit le montagnard.

— Mais c'est la tienne...

— C'est la nôtre à tous : je n'en ai pas d'autres.

L'abbé Duval eut l'air de faire la grimace; mais si Gros-Pierre eût pu lire dans son cœur, il aurait compris le regard que l'hypocrite lança sur la pauvre Georgette.

— A la guerre comme à la guerre, cousin !... Nous vous donnerons un lit de plume, le haut

bout à la table et la meilleure place au foyer...
Si vous n'êtes pas content...

— Je prendrai des cartes, n'est-ce pas?... Allons, tu es un grossier personnage, mais tu as bon cœur. Ce soir, je n'irai pas au château. Demain, à pareille heure, sois prêt à me suivre, ainsi que les jours suivans.

— Suffit, cousin! dit le montagnard, en faisant un salut militaire : vous serez obéi, pourvu que les espèces m'arrivent, et qu'on me récompense de la perte de mon temps et de mon sommeil.

XI.

ARTHUR.

Quatre mois s'étaient écoulés, depuis que la présence de l'évêque d'H*** au château d'Arthenay avait déjoué les coupables tentatives d'un prêtre hypocrite et préservé Léon du malheur d'embrasser un état auquel il n'était point appelé. Le digne prélat n'avait point voulu quitter le marquis sans essayer de le ramener à de meilleurs sentimens à l'égard de son fils. M. d'Arthenay le laissa croire à son repentir, et l'évêque partit, dans la persuasion qu'il avait rendu le bonheur et la tranquillité à tous les habitans du château. Cependant, quinze jours après son arrivée à Paris, il écrivit à madame de Verneuil et l'avertit que l'abbé Duval ne s'était pas présenté, comme sa résolution l'annonçait, au séminaire des Missions-Étrangères, où d'ailleurs il n'aurait pas été reçu. L'évêque semblait craindre que l'ex-supérieur ne fût caché dans le pays et ne cherchât à reconquérir sa première influence sur l'esprit de M. d'Arthenay.

Mais les informations que fit prendre madame de Verneuil lui persuadèrent que ses craintes étaient chimériques.

L'abbé Duval ne sortit d'abord que pour se rendre au château, où, tous les soirs, il passait une heure avec le marquis, sans que personne pût soupçonner ses visites nocturnes. Ce ne fut que deux mois après qu'il osa quitter sa retraite en plein jour. Mais alors les yeux les plus exercés ne pouvaient le reconnaître. Vêtu comme un montagnard, il en avait pris les allures et le langage ; un large chapeau de feutre descendait sur ses yeux ; il avait laissé croître une barbe noire et touffue qui lui couvrait presque en entier la figure... Et M. d'Arthenay continuant de payer le silence du fermier, on ne devinait pas, dans l'Américain Lopez, le prêtre chassé, l'ancien supérieur du séminaire.

La santé de Léon s'était rétablie ; mais le jeune homme avait conservé un fond de tristesse que les douces paroles de sa cousine ne parvenaient pas toujours à dissiper. Lui, qui n'avait rêvé le bonheur qu'auprès de Marie, la voyait maintenant tous les jours ; rien ne pouvait plus détruire une espérance que, si longtemps, il n'avait pas osé former... Pourquoi donc, lorsque leurs mains s'étaient rencontrées, tièdes et palpitantes, lorsque leurs yeux venaient de se parler ce muet langage de tendresse qui fait éprouver à de jeunes cœurs les pures émotions d'un premier amour, une triste pensée remplaçait-elle, sur le front du jeune homme, de riantes et gracieuses images? Pourquoi Marie voyait-elle une larme répondre à son sourire?

— Mon ami, disait la jeune fille, tu as du chagrin; tu n'es pas heureux près de moi...

Léon prenait alors la main de Marie, qu'il portait à ses lèvres; il regardait son amante avec une douce et mélancolique expression d'amour; mais il continuait à cacher le secret de sa tristesse.

Ce n'était pourtant pas un secret pour Marie ni pour madame de Verneuil. Toutes deux elles étaient présentes lorsque Léon, dans le premier transport d'une juste indignation, avait dit à M. d'Arthenay : « Retirez-vous, assassin de ma mère ! » Mais elles respectaient trop le sentiment de piété filiale qui lui faisait un devoir du silence, pour chercher à connaître les détails d'une révélation qui avait pu motiver de semblables paroles.

Pendant les longues soirées d'hiver, le marquis ne manquait jamais, après le repas du soir, de se retirer dans sa chambre. L'abbé Pothier, rétabli dans ses fonctions de chapelain, et scrupuleusement attentif à suivre les instructions que l'abbé Duval lui avait données, menait une vie de chanoine et se couchait régulièrement à huit heures. Après leur départ, la vieille Marguerite, laissant le concierge et le jardinier jouer aux cartes dans la cuisine du château, venait s'installer avec son rouet dans l'appartement de madame de Verneuil.

Alors commençaient de douces et intimes causeries, qui auraient été sans mélange de tristesse, si Léon n'eût amené l'entretien sur de tristes souvenirs.

Souvent le jeune homme s'approchait de sa tante, faisait un signe à Marguerite, et leur disait d'une voix suppliante :

— Parlez-moi de ma mère !

— La bonne et sainte dame ! disait Marguerite, je ne l'ai connue que peu de temps avant sa mort... lorsque je vous ai pris dans ses bras, mon enfant. Si vous saviez comme elle pleurait, en vous embrassant pour la dernière fois ! comme elle vous recommandait à mes soins !...

— Pauvre mère !

— Elle vous aurait bien aimé, je vous en réponds...

— Et tu l'as vue mourir, Marguerite?

— Oui, mon cher enfant... M. le marquis m'avait priée de rester auprès d'elle, car il était sorti lui-même pour aller chercher un médecin. A son retour elle était morte... et le médecin a dit... Mais à quoi bon vous raconter cela, monsieur? C'est inutile, aujourd'hui qu'il n'y a plus de remède...

— Qu'a dit le médecin?... Parle, Marguerite : je veux le savoir!

— Dame! il a dit qu'elle était morte de misère et de chagrin.

— Oh! c'est bien cela! Ma mère, ma bonne mère!

— Léon, dit madame de Verneuil, songez à la pénible situation où se trouvait alors M. d'Arthenay. Forcé de travailler pour soutenir son existence et celle de son épouse, il lui était impossible de subvenir aux frais d'une maladie...

— Ma tante, ne croyez pas que j'attaque mon père ! s'écriait le jeune homme... Oh non ! je dois le respecter et l'aimer !

Puis il penchait la tête et pleurait.

Un jour, il y eut une personne de plus à cette réunion de famille, et le caractère du nouveau venu rendit impossibles ces tristes entretiens. C'était Arthur qui, sur le point d'aller commencer son droit, venait faire ses adieux à son ami. Il reprochait à Léon de ne pas le suivre, car il avait espéré l'avoir pour compagnon de chambre et de travail.

— Que vas-tu faire ici, disait-il ; pourquoi ne pas songer à ton avenir ?... Il faut être quelque chose en ce monde, et ce n'est pas à vingt ans qu'on peut dire : Je suis propriétaire, je vis de mes rentes !

— En effet, répondit Léon, se donner de pareils titres à notre âge serait faire un aveu tacite de paresse ou d'incapacité. Comme toi, je veux travailler à devenir un homme utile ; mais des raisons puissantes m'empêchent, pour le moment, de mettre la main à l'œuvre. Il me reste à remplir un devoir sacré... Bientôt, je l'espère, j'irai te rejoindre.

— Je t'avertis d'une chose, dit Arthur, c'est que mes lettres ne te laisseront point de repos, tant que je te saurai dans l'inaction. En ceci, je te l'avoue franchement, il y a de ma part égoïsme et calcul. Je crains que mon caractère trop léger ne se laisse entraîner trop facilement par les séductions de la capitale, et je t'ai choisi pour le contrepoids qui devra me retenir dans la ligne des devoirs. Les graves conseils de mon mentor m'empêcheront de faire des folies, et j'en référerai toujours à son jugement que je reconnais, en toute humilité, pour être plus mûr et plus solide que le mien.

— Oui, répliqua Léon, si tu suis mes conseils avec la même docilité qu'autrefois, je dois m'attendre à une singulière obéissance... Te rappelles-tu ?

— Oh ! mesdames, interrompit Arthur en riant, ne l'écoutez pas, je vous prie : il va me calomnier !

Madame de Verneuil et Marie comprirent qu'il s'agissait de quelques espiégleries qu'Arthur avait faites au séminaire : elles le connaissaient de réputation. D'un regard, elles encouragèrent Léon à parler.

— Voyons, contez-nous cela, mon enfant, dit Marguerite qui cessa pour l'heure de tourner son rouet.

— Eh bien ! dit Arthur à son ami, avant de prendre le rôle d'accusateur, laisse-moi d'abord faire ma confession moi-même.

— Non pas ! s'écria Léon : tu nous broderais cela de manière à faire rire ces dames de choses qui, pour avoir un côté plaisant, n'en sont pas moins des atrocités. Ma tante et Marguerite seront juges, et Marie...

— Ah ! dit Arthur en saluant la jeune fille, mademoiselle se nomme Marie ?...

— Certainement, dit Léon qui ne put s'empêcher de sourire de l'étonnement de son ami, dont il devinait le motif. Je te disais donc que ma tante et Marguerite représenteraient le jury. Quant à ma cousine, elle te servira d'avocat, si toutefois elle ne trouve pas la cause trop mauvaise.

— J'essaierai de défendre monsieur, dit la jeune fille en rougissant.

— Alors je me place sur la sellette, dit Arthur avec une comique résignation.

— Je dirai d'abord au tribunal, commença l'accusateur, que j'ignore entièrement sur quelles bases a pu s'établir l'amitié qui existe entre Arthur et moi : je suis naturellement sérieux, il est d'une gaîté folle...

— Précisément, voilà pourquoi nous sommes amis : les extrêmes se touchent.

— Je l'avais partout pour voisin, dans les classes, à la salle d'études, au dortoir : l'ordre alphabétique le voulait ainsi... D'Arthenay, Daucourt...

— Sans apostrophe! interrompit Arthur : mon nom n'a pas les honneurs de la particule.

— Je prie l'accusé de ne pas prendre la parole, surtout pour faire des remarques aussi déplacées.

— Or, poursuivit Léon, si j'étais attentif en classe, mon aimable voisin me forçait à l'écouter plutôt que le professeur, en m'enfonçant une épingle dans le bras ou en plaçant sous mes yeux la caricature du professeur lui-même, que son crayon sacrilége ornait chaque jour de quelque trait plus grotesque. A l'étude, il escamotait mon livre de théologie et le remplaçait par un volume des Chansons de Béranger ou par d'autres ouvrages hétérodoxes dont il avait une collection cachée dans son matelas : de sorte qu'en voulant étudier le *Traité de l'Eucharistie*, par exemple, je me trouvais en face du *Dieu des bonnes gens* ou du *Petit Homme gris*. Au dortoir, son voisinage était un supplice : on était sûr de subir chaque soir une nouvelle mystification. Le lit des uns se trouvait rempli de crin haché ; celui des autres, privé de planches d'appui, s'écroulait avec fracas ; le plus grand nombre des séminaristes s'étonnaient, à leur réveil, de trouver des habits qui n'étaient plus proportionnés à leur taille. Enfin, combien de fois, pendant les nuits d'été, des malheureux ne furent-ils pas obligés de déserter leur couche pour échapper aux morsures dévorantes d'une légion de puces qu'Arthur avait lâchées dans leurs draps, après les avoir tenues, pendant huit jours, enfermées dans une bouteille !

— Oh !... pour le coup, s'écria madame de Verneuil en riant aux larmes, ceci passe les bornes de la plaisanterie !

— Elles devaient être enragées ces puces, dit Marguerite... à jeun depuis huit jours.

— Je réclame l'indulgence de mes juges... et je compte sur l'habileté de la défense, dit Arthur en se tournant vers la jeune fille qui se cachait le visage dans ses deux mains pour rire plus à son aise.

— Monsieur, répondit Marie, cherchez un autre avocat : je ne réponds plus de gagner votre cause.

— Hélas ! que vais-je devenir ? dit Arthur.

— Un jour, continua l'impitoyable accusateur, ne s'avisa-t-il pas de retourner la cloche du séminaire et de la remplir d'eau ? Le pauvre sonneur tira la corde et reçut immédiatement tout le liquide sur la tête : il en fut enrhumé pendant deux mois... Je dois dire, comme circonstance atténuante, qu'Arthur le combla de boules de gomme et de tablettes de jujube. Le sonneur lui sait aujourd'hui de la reconnaissance.... Mais voici le trait le plus indigne :

— Il gardait rancune, j'ignore pour quel sujet, au professeur de philosophie. Comme ce dernier tenait beaucoup à sa chevelure, très belle d'ailleurs et qu'il frisait régulièrement tous les jours, Arthur, en dépit de mes avertissemens et de mes conseils, conspira traîtreusement contre ladite chevelure. Il alla prendre au jardin une citrouille que l'hiver avait mise dans un état complet de putréfaction. Au moment où le professeur entrait dans la salle de classe, la maudite citrouille, placée au dessus de la porte entrebâillée, lui tomba droit sur les cheveux qui devinrent tout à coup d'un jaune ardent... Il monta dans sa chaire, s'apprêtant à tonner contre l'irrévérence qui venait d'être commise à son égard, lorsqu'un papier frappa ses yeux. Il ouvrit ce papier qui avait la forme d'une lettre et il trouva.... un démêloir !

— Ah ! ah ! c'est ma meilleure farce ! dit Arthur, oubliant sa position d'accusé, pour se livrer à l'hilarité qu'excitait en lui le souvenir de cette aventure.

— Il paraît, monsieur, dit madame de Verneuil, que vous joignez à tous vos torts celui de n'en éprouver aucun repentir : je me vois alors dans l'impossibilité de vous absoudre, et je vous condamne, en conséquence, à solliciter, sous le plus court délai... un brevet de coiffeur...

— Et je ne vous promets pas ma pratique, s'écria la vieille Allemande.

— Je remercie le tribunal de son indulgente

sévérité, reprit Arthur, en s'inclinant. Toutes ces folies étaient une suite naturelle du contraste de mon caractère avec la fausse position dans laquelle je m'étais placé. Prisonnier par choix, je cherchais à égayer mes heures de réclusion; je ne pouvais avoir la gravité d'un véritable séminariste. Eh bien! malgré mon apparente étourderie, j'avais parfois des idées sérieuses. J'ai deviné que Léon était une victime... j'ai deviné plus encore, ajouta-t-il, en regardant la jeune fille avec une expression pleine de malice...

Marie devint très rouge, et Léon demanda à son ami ce qu'il avait deviné.

— Je dois faire, devant ces dames, l'éloge de ta discrétion, dit Arthur; mais tes cahiers et tes livres n'étaient pas discrets... Certain nom tracé sur toutes les pages, le même nom répété pendant ton sommeil...

La jeune fille comprit et courut se jeter dans

les bras de Léon... Puis, honteuse de ce mouvement produit par l'impulsion de son cœur, et auquel un sentiment de pudique réserve lui dit, mais trop tard, qu'elle ne devait pas s'abandonner, en présence d'un étranger, elle se rapprocha de sa mère, qui, voyant l'embarras de sa contenance, lui dit, en la baisant au front :

— Retirons-nous, Marie : ces messieurs voudront bien nous le permettre. J'ai promis à M. Arthur Daucourt des lettres pour quelques unes de mes anciennes connaissances de Paris, qui le recevront avec plaisir sur ma recommandation : je vais les écrire ce soir.

Marguerite prit son rouet sur son bras et suivit les dames dans leur chambre à coucher.

— Tu seras donc toujours le même? dit Léon, resté seul avec son ami, toujours indiscret, toujours...

— Un instant, monsieur le moraliste! mes

paroles de tout-à-l'heure ont été le fruit d'une mûre réflexion. Il est très bien d'être amoureux ; mais il est très mal de le cacher à son ami... Or, ce nom de MARIE, que tu écrivais avec tant d'acharnement, ce n'était pas une pensée de dévotion qui l'amenait au bout de ta plume, comme j'avais la bonhomie de me le figurer... Tu pensais au joli minois de ta cousine ?

— C'est vrai, dit Léon.

— Et pourquoi ne m'avoir pas fait cette confidence ?

— Parce que tu m'aurais ramené sans cesse à des idées que je voulais oublier alors ; tu m'aurais parlé de Marie, quand mon confesseur me faisait un crime de penser à elle...

— Oui, ce tartufe d'abbé Duval !... Il paraît pourtant qu'il ne te défendait pas d'écrire son nom. Maintenant, je vois pour quelles raisons tu ne veux pas me suivre à Paris : il est juste que tu te dédommages des privations que le cloître t'imposait.

— Arthur, je t'ai dit qu'il me restait à remplir un devoir sacré... Je t'expliquerais quel est ce devoir, si je pouvais le faire sans flétrir la réputation d'une personne dont l'honneur m'est cher avant tout. Seulement je puis t'affirmer que, si je n'avais pas d'autres motifs de rester ici que le bonheur d'être auprès de ma cousine, j'aurais assez de courage pour me séparer d'elle; je me garderais bien de retarder notre union, qui ne doit s'accomplir qu'au jour où je pourrai professer un état. Tu peux donc m'attendre, mon ami : avant deux mois nous serons ensemble. Préviens mon oncle de mon arrivée : il me tarde de le voir pour le remercier de nouveau.

Le lendemain, les deux amis s'embrassèrent et Léon renouvela sa promesse. Il voulut accompagner Arthur jusqu'à Saint-D**. En le quittant, il se rendit chez un marbrier auquel il donna le modèle d'une tombe et l'épitaphe que l'on devait y graver.

XII.

LE MAUSOLÉE.

Les Vosges ont dépouillé leur manteau de neige devant les chauds rayons du soleil de mai. Toutes ces sœurs jumelles de l'Ormont, sorties comme lui des mains du Créateur, noires, chevelues, gigantesques, comme lui bravant les orages et portant leurs rocs sourcilleux jusqu'au sein de la nue, ornées alors de leur robe de printemps, se livrent aux caresses de la brise et secouent leurs parfums dans la vallée. Fières du diadême d'or que le soleil levant vient poser sur leur front, elles se dressent, radieuses, sous leur dais d'azur, et font étinceler, comme autant de rubis, les gouttes de rosée suspendues aux rameaux des pins.

Tout chante autour d'elles, l'oiseau sur la branche, l'insecte abrité sous la mousse, la cascade qui descend du rocher, la jeune fille cueillant les bruyères fleuries.

Le joyeux habitant des montagnes les salue dès l'aurore. Elles ont vu son berceau ; sa cabane est appuyée sur leurs flancs qui la protégent contre les ouragans et les tempêtes. A leur pied on élèvera sa tombe qu'elles sauront couvrir de fleurs et de verdure.

Le château d'Arthenay lui-même, triste et sombre pour l'ordinaire, se rajeunit en quelque sorte, à certain jour du printemps où, de temps immémorial, les montagnards viennent fêter leur seigneur. Ce jour-là, des guirlandes de lierre tapissent les vieux murs; des sapins entiers, coupés dans la forêt, se dressent orgueilleusement sur les créneaux, et la foule des paysans, rassemblée dans la cour d'honneur, boit, du matin au soir, aux dépens et à la santé du marquis.

Léon voyait approcher ce jour avec impatience, car c'était celui qu'il avait choisi pour accomplir un devoir que lui dictait sa piété filiale. Depuis son retour au château, il s'était efforcé de gagner la confiance et l'amitié de M. d'Arthenay. Long-temps ses efforts avaient été inutiles; mais enfin le vieux marquis, malgré sa dureté de cœur, ne put rester insensible aux témoignages d'affection que lui donnait son fils.

Le changement qui s'opéra chez M. d'Arthenay avait encore une autre cause. Son engoûment pour l'abbé Duval diminuait de jour en jour ; il subissait, sans se rendre compte de ses impressions, l'effet produit par la différence du costume. Ce n'était plus le prêtre austère, affichant, dans tout son extérieur, la gravité des mœurs sacerdotales, et les yeux du marquis ne pouvaient s'habituer à voir son directeur s'habiller en paysan et laisser croître sa barbe comme un anabaptiste. Souvent même il se surprenait à douter de l'innocence de l'abbé Duval. Des raisonnemens, qu'il eût repoussés jadis avec horreur, se présentaient en foule à son esprit... Cependant le faible vieillard n'osait pas rompre avec cet homme qui le tenait alors sous le joug de la crainte. En voyant son fils l'entourer de prévenances, et chercher, par tous les moyens possibles, à embellir ses vieux jours, il sentait le remords déchirer son cœur.

Plusieurs fois un secret fatal erra sur ses lèvres….. mais une visite du prêtre faisait renaître toutes ses terreurs et détruisait ses bonnes résolutions.

L'abbé Duval s'était aperçu de ce changement du marquis à son égard. Il résolut de mettre des obstacles à la bonne intelligence qui commençait à s'établir entre M. d'Arthenay et son fils, car il prévoyait que leur réunion causerait sa ruine et renverserait ses dernières espérances. Si le marquis se réfugiait une fois dans le sentiment de l'amour paternel, il dévoilerait tout à Léon… Voilà ce que le prêtre voulait prévenir, à tout prix, fût-ce par un crime !

La fête annuelle devait avoir lieu dans deux jours. L'abbé Duval fit au marquis de sévères réprimandes, au sujet des danses que l'on se disposait à organiser pour les paysans ; mais celui-ci se montra, pour la première fois, rebelle aux avis de son directeur et lui déclara que, son fils et Marie s'étant chargés des préparatifs, tout se passerait dans les règles de la décence.

— Ceux qui se livrent à des joies profanes et ceux qui les permettent se privent volontairement des secours de la grace, dit le prêtre, en quittant M. d'Arthenay. Votre fils, à peine sorti du séminaire, se range déjà du côté des enfans du siècle... Honte sur lui ! honte sur vous !

Mais ses paroles avaient perdu tout leur empire. Les préparatifs de la fête continuèrent, sans que le marquis y apportât la moindre opposition.

Depuis quelque temps, Marie voyait Léon se diriger tous les jours, avec le jardinier, vers une partie reculée du parc. La jeune fille les suivit à quelque distance; et, cachée derrière le feuillage, elle surprit le secret dont on ne voulait pas l'instruire.

Léon avait fait élever un mausolée sur lequel on lisait cette inscription :

ANGÈLE DE MORVILLE, MARQUISE D'ARTHENAY,
MORTE A VIENNE LE 7 FÉVRIER 1810.
UN ÉPOUX A LA MÉMOIRE DE SON ÉPOUSE.
UN FILS AUX MANES DE SA MÈRE !

Léon venait de mettre la dernière main à son œuvre. Des ifs avaient été plantés aux quatre coins de la pierre tumulaire, et des fleurs croissaient autour de la balustrade qui enfermait le mausolée.

Le jeune homme renvoya son aide et s'agenouilla pieusement.... Lorsqu'il se releva, Marie, baignée de pleurs, était derrière lui : la jeune fille s'était unie à sa prière.

— Merci, dit Léon, merci, toi dont les larmes me font voir que tu as su me comprendre!.... Que mon père maintenant approuve ce que j'ai fait, qu'il me dise : Je te donne Marie! en présence du souvenir de ma mère, qui, du haut du ciel, entendra sa promesse... et rien ne manquera plus à mon bonheur...

— Mon ami, dit la jeune fille, tu as une belle ame.

— Demain, Marie, demain sera pour nous un beau jour! je pourrai du moins estimer mon père. Du lieu de paix qu'elle habite, celle qui mourut en me donnant la vie laissera tomber sur nous un regard d'amour. Ma mère comprendra quelle aurait été ma tendresse pour elle, si la mort ne l'eût pas enlevée.... Il me semble la voir sourire à l'espérance qui m'est donnée d'épouser un ange tel que toi...

— Oh! je t'aime! s'écria la jeune fille...

— Aussi je suis bien heureux près de toi, Marie! Qui m'aurait dit, lorsque le souvenir de nos jours d'enfance m'arrachait tant de pleurs amers, que ces momens délicieux me me seraient rendus, que je verrais encore tes beaux yeux s'arrêter sur les miens, que j'entendrais ta douce voix murmurer à mon oreille des paroles célestes?... C'est trop de bonheur, Marie! J'ai tant souffert pendant que j'étais séparé de toi, qu'à peine si j'ose me confier à l'avenir... Je crains de voir s'éclipser encore tous nos rêves de félicité.

— A quoi penses-tu Léon? Demain, ne serons-nous pas fiancés?... Qui pourra nous séparer, alors?

— Pardonne, mon amie... j'ai tort en effet de troubler notre joie par de sinistres pressentimens. N'ai-je pas réussi à dissiper la froideur que M. d'Arthenay m'avait toujours témoignée?... Il viendra s'agenouiller, ici, avec nous, près du mausolée de ma mère.

Doucement appuyés l'un sur l'autre, les deux amans regagnèrent le château.

Le lendemain, dès l'aube du jour, les montagnards, vêtus de leurs plus beaux habits, marchaient en troupes nombreuses au milieu du val de Saint-D** et saluaient de leurs chants le vieux manoir dont les vitraux brillaient au soleil levant et qui montrait ses tourelles ornées de verdure. Une députation de jeunes garçons et de jeunes filles, tous bravement endimanchés et portant à la main d'énormes bouquets, complimentèrent M. d'Arthenay, qui les attendait avec toute sa famille sur le seuil de l'entrée principale.

La fille du fermier, Georgette, s'approcha la dernière, et, tout en présentant son bouquet, elle glissa un papier dans la main du marquis.

— Eh! qu'il aille au diable! dit vivement M. d'Arthenay, après avoir pris lecture de cette lettre : je veux être joyeux aujourd'hui... qu'ai-je à faire de ses sermons?

La jeune paysanne se retira, confuse, pour aller porter cette singulière réponse à un homme, mêlé parmi la foule des montagnards, et qui portait un chapeau à larges bords rabattu sur les yeux.

Le marquis prit le bras de son fils et fit avec Léon le tour des tables où déjà les paysans étaient rangés en cercle. L'homme au large chapeau passa près de lui et lui lança un regard terrible; puis il sortit et disparut... Mais, à l'approche de la nuit, il rentra secrètement par la porte du parc dont il avait la clé.

La journée se passa, rapide et joyeuse, au milieu des danses et des divertissemens de la fête. Sur le soir, un banquet fut servi sous les berceaux du parc qui se trouvèrent éclairés par une illumination brillante. Le marquis, vraiment heureux, souriait à tous ces bons paysans qui venaient lui rendre hommage comme aux jours de la féodalité. Une larme d'attendrissement roula dans ses yeux lorsque Léon, se levant au dessert, dit à tous les montagnards :

— Mes amis, à la santé de M. d'Arthenay, mon père et votre bienfaiteur à tous! Puisse le ciel lui réserver encore de longs et heureux jours!

Ce toast fut accueilli par les convives avec enthousiasme. Les cris de vive M. le marquis! vive M. Léon! retentirent sous le berceau.

Le jeune homme conduisit alors M. d'Arthenay près du mausolée; et, tombant à ses genoux, il le supplia d'oublier le passé et de pardonner à la mémoire de sa mère.

— Mon fils ! mon fils ! s'écria le vieillard en pleurant, c'est moi qui te demande grace... je reconnais mes torts envers ma pauvre femme... Léon, prions-la tous deux de me pardonner !... Ah ! tu es un bon fils, tu sauras tout. Cet homme me fait peur... Non, je ne te déshériterai pas !...

— Et vous me donnerez Marie ?...

— Oui, mon fils, oui : je ne veux pas mourir avant d'avoir béni votre union.

— Merci ! oh ! merci !... ma mère vous entend ! Je vais chercher Marie, pour que vous la nommiez votre fille.

Le vieillard resta seul près du mausolée.

. . . .

Alors, un homme caché dans l'ombre se précipita sur lui, prompt comme l'éclair, et le terrassa.

— Ma lettre ?... lui dit-il d'une voix sourde et tremblante de fureur.

Et sans attendre la réponse il fouilla dans la poche du marquis pour lui arracher le papier.

— J'ai tout entendu, continua-t-il : aussi tu vas mourir!

. . . .

Il lui enfonça un couteau dans le cœur.

XIII.

L'ASSASSIN.

Le billet que Georgette avait remis à M. d'Arthenay était ainsi conçu :

« Vous avez méprisé les avertissemens que
» je vous donnais dans l'intérêt de votre con-
» science. Celui qui s'était montré le plus

» fidèle observateur des maximes de l'Évan-
» gile devient lui-même une pierre de scan-
» dale et fournit aux autres l'occasion de pé-
» cher. Vous serez responsable, monsieur le
» marquis, de toutes les fautes qui vont se
» commettre aujourd'hui, sous vos yeux, dans
» les ébats criminels de la danse, cet écueil de
» la vertu, cette cause inévitable de perdition
» pour la jeunesse. Je vous ai sacrifié mon
» avenir... Caché, pour vous seul, dans un
» asile obscur, pour vous encore je brave la
» persécution que mes ennemis me feraient
» subir s'ils découvraient ma retraite... Mais
» du moins faut-il que je puisse être certain
» du résultat de mes efforts : il m'est trop pé-
» nible de vous voir exposer, aujourd'hui,
» votre salut, de gaîté de cœur.

» Peut-être avez-vous cru récompenser
» mes sacrifices, en m'assurant la possession
» de tous vos biens... Détrompez-vous, mon-

» sieur le marquis. Votre fortune, vous le sa-
» vez, ne sera jamais employée par moi qu'en
» fondations pieuses, ou en œuvres de charité
» dont le mérite rejaillira sur votre ame...
» Pourquoi donc, lorsque vous êtes à la veille
» d'aller paraître devant Dieu, voulez-vous
» rendre nécessaires de plus longues et de
» plus terribles expiations?

» Il faut que je vous parle ce soir. Le tu-
» multe de la fête favorisera notre entrevue :
» je serai à six heures près de la porte du parc
» qui donne sur la forêt. »

Lorsque la jeune paysanne eut fait connaître à l'abbé Duval la manière dont le marquis avait accueilli sa lettre, le prêtre comprit qu'il était perdu, s'il n'appelait à son secours un moyen violent. Il s'approcha de M. d'Arthenay qui faisait le tour des tables, appuyé sur le bras de son fils ; et, tout en lui faisant comprendre, par un regard impératif, qu'il l'attendait au rendez-vous, il eut soin de se placer en face de Léon.

Les yeux du jeune homme s'arrêtèrent sur lui sans le reconnaître.

Ayant acquis par-là l'entière certitude que le marquis n'avait pas encore trahi le mystère de leurs relations, l'abbé Duval alla rejoindre Georgette qui l'attendait à quelque distance du château.

La jeune fille était assise sur un tertre. Ce n'était plus cette fraîche et rieuse enfant que le prêtre avait trouvée à son arrivée à la ferme : Georgette était souffrante et ses yeux avaient une expression maladive... En s'approchant d'elle, il fut effrayé de sa pâleur.

— C'est donc vrai? lui demanda-t-il.

— Oui, murmura Georgette...

Et des sanglots soulevèrent sa poitrine.

— Enfant, dit le prêtre, ne vas-tu pas pleurer, ici que tout le monde peut nous voir?... Allons, Georgette, du courage! Tu sais que je t'aime, et bientôt nous fuirons ensemble : je ne veux pas te laisser exposée à la brutalité de ton père.

— Oh! s'écria-t-elle, il me tuerait, bien sûr, s'il s'en apercevait... Et Thomas Gigoux, mon fiancé...

— Je t'ai défendu de prononcer ce nom devant moi!

— Mais enfin, reprit la malheureuse jeune fille, en regardant avec effroi son séducteur, je lui avais promis de l'épouser!... Il vient tous les jours à la ferme ; il me parle de notre mariage, et ça me fend le cœur à moi! Il finira par découvrir la vérité!... Mon Dieu! mon Dieu!

— Ainsi donc, pensa le prêtre, il faut m'enfuir avec elle et laisser mon œuvre imparfaite !... Léon va tout apprendre : il ne manquera pas d'attaquer, comme frauduleuse, la vente que le marquis m'a faite de ses biens... Oh ! pourtant il me faut cet héritage !

Il se pressa le front de ses deux mains et parut être en proie à une agitation violente. La jeune fille remarqua son trouble : elle vint à lui, après avoir essuyé ses larmes.

— Cousin, dit-elle, je vous ai fait de la peine...

— Non, Georgette, non, lui répondit-il, en fixant sur elle des yeux égarés. Écoute... Aucune apparence ne trahit encore ta grossesse ; mais il est temps de prendre nos mesures. Je vais à la ville... ne perds par de vue M. d'Arthenay, examine tous ses mouvemens... et surtout, vois s'il ne parle pas en secret à son fils... Cette lettre, il l'a mise dans la poche de son habit, tu en es bien sûre?

— Je vous l'ai déjà dit, cousin.

— C'est qu'il me la faut, cette lettre, se dit-il à lui-même : je ne veux pas qu'elle serve de preuve contre moi. Le marquis viendra, car il me craint encore... Et s'il n'a rien dévoilé jusque-là... nous serons seuls, loin des yeux de tous... l'héritage m'appartient!

— Ce soir, à six heures, dit-il à Georgette, place-toi sur le perron, en face de la grande avenue du parc. Si tu es certaine que le marquis, pendant tout le jour, ne se soit occupé que de la fête, agite en l'air ton mouchoir : je verrai ce signal... Peut-être ne rentrerai-je pas à la ferme cette nuit : tu diras à ton père que je suis parti pour un voyage de quelques jours. L'essentiel est que tout le monde soit convaincu que je suis absent depuis ce matin.

Il quitta brusquement Georgette qui se préparait à lui demander des explications. La jeune fille rentra, dévorée d'inquiétude, dans la cour du château.

— Fatalité! toujours la fatalité! se dit le prêtre, en suivant le chemin qui conduisait à la ville. Ma vengeance était prête : la mort du marquis devait me rendre son héritier... et cette femme qui compte sur le mariage de Léon et de sa fille, pour échapper à l'indigence, allait être dépouillée par les mesures que j'ai prises. Il ne me restait plus qu'à les chasser tous ignominieusement du château, en faisant parler la loi... Mais non, c'était trop simple! Il faut que le marquis, en s'avisant de rompre, j'ignore pour quelle raison, devienne lui-même ma première victime... Car cette vente ne sera pas annulée, non! C'est mon dernier espoir, à moi : je veux de l'or!... Et puisqu'il faut tremper mes mains dans le sang... le sang d'un vieillard, c'est affreux!... Mais enfin que devenir? Il faudra donc me tuer, quand je veux vivre, quand Georgette que j'aime... Oh! je croyais être à l'abri du remords, et pourtant une voix intérieure me le dit : ce que j'ai fait là est infâme!... Moi prêtre, je suis père; j'ai flétri l'innocence d'une jeune fille à laquelle il m'est impossible de donner mon nom... Cet enfant, le monde ne l'appellera jamais qu'un bâtard!... Et pourtant, si j'ai séduit Georgette, c'est par vengeance. Un implacable destin m'a remis en présence d'un homme que je n'ai pu voir sans qu'une haine presque éteinte ne se réveillât plus ardente qu'autrefois. Si je tue M. d'Arthenay, c'est encore par vengeance! Ce dernier crime, je pourrais me l'épargner peut-être : il est possible que je m'exagère les mauvaises dispositions du marquis à mon égard... Oh! c'est qu'il me semble que ce nom d'assassin se lirait sur mon front!

Un nuage voila ses yeux. Il fut obligé de

s'asseoir sur une borne de la route et resta long-temps en proie à la lutte violente que ses passions se livraient au dedans de lui-même. Il murmurait des mots sans suite, effrayant par le sombre feu de ses regards les passans que l'aspect de sa pâleur engageait à lui offrir des secours. Il se leva, dans un état voisin de la folie ; la fièvre lui brûlait le sang, et d'infernales hallucinations passaient dans son cerveau...

Il jeta une pièce de monnaie en l'air, en s'écriant :

— Croix ou pile !

— Bien, dit-il en la ramassant, je l'assassinerai !

Il entra dans la ville pour acheter un couteau-poignard et revint sur ses pas. A six heures, il se trouvait à la porte du parc. Trompé dans son espoir d'y rencontrer le marquis, il se glissa le long des arbres, marchant à pas de loup et rampant sur le ventre dans les hautes herbes des clairières, pour ne pas être aperçu. Il atteignit de la sorte le berceau de charmille d'où partaient les joyeux accens des convives.

Un horrible blasphème sortit de sa bouche, lorsqu'il regarda au travers du feuillage : son ennemie mortelle était là, près du marquis, le sourire sur les lèvres. C'était la première fois qu'il voyait madame de Verneuil, depuis qu'elle avait dévoilé l'attentat dont il s'était rendu coupable envers elle. Sa rage s'en accrut à un point effrayant; car, s'il eût pu douter encore que son unique défenseur passait dans les rangs opposés, la conversation pleine d'intimité qui s'établissait entre le marquis et sa belle-sœur l'en eût entièrement convaincu.

— Malheur à toi, vieillard insensé! murmura-t-il, en attachant sur M. d'Arthenay ses yeux brillans de haine : je saurai renfermer dans ton sein ce secret que, demain peut-être, tu confierais à celle qui est la cause de tous mes crimes. Oh! si je pouvais aussi la tuer! si je pouvais la voir se traîner suppliante à mes genoux et me demander la vie!... Comme je saurais prolonger ses angoisses! comme j'enfoncerais ce fer, lentement, par dégrés, jusqu'à ce qu'il arrive à son cœur!... Mais non, qu'elle vive plutôt! qu'elle vive pour souffrir de la misère; pour me voir, moi qu'elle a cru perdre, riche, heureux, insultant à sa ruine!... Ce soir, marquis d'Arthenay, tu me trouveras au chevet de ton lit, prêt à t'exhorter à la mort : il est juste que je remplisse, en premier lieu, mon devoir de prêtre et que je t'obtienne l'héritage céleste, en échange de l'héritage périssable que tu vas me laisser ; tu n'auras pas à te plaindre... Ensuite...

L'assassin regarda son poignard et ses lèvres se contractèrent par un affreux sourire.

Il allait essayer, en profitant du désordre occasionné par la fête, de pénétrer, au moyen de sa clé, dans la chambre du marquis, afin de s'y tenir caché jusqu'à l'heure où il pourrait consommer son crime, lorsque de vifs applaudissemens s'élevèrent autour de la table du banquet... Léon venait de porter son toast à la prolongation des jours de son père.

Le prêtre colla de nouveau son visage à la charmille, et, poussant un éclat de rire sauvage, il s'écria :

— Va, va, bon fils ! le Ciel exaucera tes vœux !

Ce fut en ce moment que Léon pria M. d'Arthenay de le suivre. Ils passèrent près de l'abbé Duval, qui se blottit contre le berceau. Le prêtre les suivit ensuite dans la direction du mausolée.

. . . .

Quelques instans après, Léon rejoignit les

convives. La joie brillait sur tous ses traits, et ce fut en versant des larmes de bonheur qu'il dit à madame de Verneuil :

— Enfin, j'ai retrouvé le cœur de mon père !

— Ma tante, Marie, venez! s'écria-t-il ensuite... Venez tous, mes amis, voilà ma femme !

Et l'heureux jeune homme leur montrait Marie palpitante d'émotion, rouge de pudeur et de plaisir. Les deux amans se précipitèrent avec une touchante effusion de tendresse dans les bras de madame de Verneuil ; puis Léon, prenant sa fiancée par la main, l'entraîna vers le lieu où il avait laissé son père. Tous les montagnards le suivirent, en poussant des cris de joie...

Mais hélas ! quel horrible spectacle leur était réservé !

XIV.

PAUVRE FILS!

M. d'Arthenay, baigné dans son sang, râlait l'agonie.

L'infortuné vieillard regarda d'un œil éteint ceux qu'il commençait à aimer. Sa langue, déjà glacée par l'approche de la mort, voulut en vain articuler quelques paroles... Il rendit le dernier soupir en pressant la main de son fils.

Un officier de santé du hameau voisin, qui se trouvait à la fête, déclara à tous les spectateurs muets d'épouvante que le marquis avait cessé de vivre.

Léon, Marie et madame de Verneuil, à genoux près du cadavre que l'on venait d'appuyer contre le marbre du mausolée, donnaient les marques du plus violent désespoir. Les montagnards consternés regardaient cette scène de mort et se communiquaient à voix basses leurs réflexions sur le meurtre. Bientôt il s'éleva de cette foule une rumeur sourde et menaçante... Tous les yeux se fixèrent sur Léon : chacun le désigna comme l'assassin.

Plusieurs paysans se détachèrent pour aller chercher la justice ; d'autres emmenèrent Marie et madame de Verneuil, pendant que le reste formait un cercle autour du pauvre fils qui, tout entier à sa douleur, n'entendait pas l'atroce accusation dont on le chargeait.

— C'est pure grimace, disait l'un : il veut paraître chagrin ; mais voyez plutôt, ses yeux sont secs.

En effet, Léon ne pleurait pas. Une pâleur mortelle couvrait son visage ; seulement, par intervalles, un tremblement nerveux agitait son corps et montrait que la vie ne l'avait pas abandonné.

— Quelle infamie ! disait un autre : nous faire boire à la santé de son père, et l'emmener ensuite pour l'assassiner !... car ce ne peut être que lui : nous étions tous à table...

— Ce qui prouve qu'il est l'assassin, dit un troisième, c'est qu'il nous entend et qu'il n'ose pas se défendre.

— Et moi, je vous dis à tous que vous en avez menti ! s'écria Gros-Pierre.

Le fermier était accouru comme les autres, en apprenant la nouvelle du meurtre. Indigné de voir accuser Léon, il ôta son habit avec un mouvement plein de colère et, se plaçant au milieu du cercle, il dit aux paysans d'une voix tonnante :

— Le premier d'entre vous qui a le malheur de répéter que c'est M. Léon qui a tué son père,... je l'assomme d'abord ! Comment, canailles que vous êtes, vous ne voyez pas que ce pauvre jeune homme est accablé, qu'il n'a plus une goutte de sang dans les veines ?

— Alors, qu'il se défende ! cria une voix dans la foule.

Gros-Pierre s'élança en rugissant du côté d'où ces paroles étaient parties ; mais aucun des paysans n'osa les avouer.

— Eh bien ! oui, s'écria-t-il, il se défendra !

— Voyons, monsieur, dit-il au jeune homme en le séparant du cadavre qu'il tenait étroitement embrassé, un peu de courage !... C'est un malheur, un grand malheur ! mais il ne faut pas vous laisser abattre comme vous le faites... surtout quand voilà des gredins qui vous accusent !... oui, monsieur, d'avoir assassiné votre père... Ils disent cela, pourtant !

Léon fut saisi d'un frisson d'horreur. L'indignation qu'il lut sur le visage des montagnards lui fit comprendre que ce qu'affirmait Gros-Pierre n'était que trop vrai. Le pieux et bon fils dont l'ame, il n'y avait qu'un instant, nageait dans une joie si pure, qui se félicitait d'avoir amené M. d'Arthenay à ne plus maudire la mémoire d'une épouse, de sa mère à lui, ne put supporter ce dernier coup qui venait le frapper, aussi terrible, aussi imprévu que le premier. Il posa la main sur son cœur et perdit connaissance.

— Le remords ! le remords ! crièrent les paysans.

Gros-Pierre lui-même sentit sa conviction s'ébranler. Cependant il n'abandonna pas le malheureux jeune homme : il le prit entre ses bras et, menaçant du regard ceux qui faisaient mine de s'opposer à son passage, il se fraya un chemin au travers de la foule et prit le chemin du château.

Certes, ils sont bien coupables ou bien à plaindre ceux qui, fondant ainsi leur opinion sur de fausses apparences, émettent les premiers soupçons contre un innocent et tracent une fausse route aux investigations de la justice ! Egarés eux-mêmes par le cri menteur d'une multitude abusée, les magistrats adoptent des présomptions pour des preuves ; ils prennent pour les révélations involontaires d'une conscience qui se trahit le trouble d'un infortuné qu'une erreur populaire place sous le coup d'une accusation capitale. L'innocence chargée de fers et brutalisée au nom de la loi gémit dans la profondeur des cachots, pendant que le crime, dont on a perdu la trace, triomphant à l'abri de cette erreur, jouit de l'impunité... Et cela, parce qu'une parole imprudente a été lancée, parce que, au milieu de la terreur qui règne sur une scène de meurtre, à l'aspect de la victime sanglante étendue sous les yeux des spectateurs, l'indignation chasse le raisonnement, le moindre soupçon se change en preuve, et la croyance erronée d'un seul devient la croyance de tous !

Le fermier parvint à franchir l'obstacle que les paysans voulaient opposer à sa retraite ; mais il les entendit murmurer derrière lui des paroles qui lui firent dresser les cheveux sur la tête... On l'accusait hautement de complicité.

Le brave homme ne put supporter cette

dernière épreuve : il déposa Léon au pied d'un arbre ; et, cédant à la terreur qui venait d'envahir son âme, il se disposait à prendre la fuite, lorsqu'il se vit entouré par les gendarmes.

— Est-ce là le fils du marquis ? demanda l'un d'eux en plaçant près du visage de Léon la torche de résine qu'il portait à la main.

Gros-Pierre baissa la tête et ne répondit pas.

— Il paraît que c'est lui qui a fait le coup, reprit le gendarme : en effet, ses doigts sont tachés de sang...

Cette remarque rendit au fermier toute sa présence d'esprit. Il était bien sûr que les mains de Léon n'étaient pas ensanglantées, lorsqu'il l'avait vu revenir à la table du banquet, pendant l'intervalle où le crime avait été commis.

— Vous vous trompez, il n'est pas coupable, dit-il aux gendarmes... Quoi qu'on en dise, voyez-vous, je ne puis pas le croire; car M. Léon aimait bien son père. Tenez, si vous êtes un brave, comme vous en avez l'air, vous m'aiderez à le transporter au château : il a besoin de secours.

— Bon ! dit le gendarme, il va se réveiller quand il sentira les poucettes ! C'est la peur qui l'a mis dans cet état.

— Allons, allons, mon gaillard ! remuons-nous, et vite en marche ! ajouta-t-il en secouant brutalement le jeune homme.

— Mais il faut que vous ayez un cœur de roche pour parler ainsi ! Ne voyez-vous pas qu'il est à moitié mort ? Laissez-moi l'emporter : j'aurai bien encore assez de force.... N'ayez pas peur, il ne s'échappera pas !

Le fermier prit de nouveau le jeune homme entre ses bras, et les gendarmes marchèrent à sa suite, jusqu'à ce qu'ils arrivassent dans la chambre où madame de Verneuil, Marie et la vieille Allemande, plongées dans la consternation la plus profonde, ignoraient encore le surcroît d'infortune qui les attendait.

— Léon, mon pauvre Léon! s'écria la jeune fille : ah! ciel! est-ce qu'il est mort aussi?

— Non, répondit Gros-Pierre en le déposant sur un fauteuil; mais cela vaudrait peut-être mieux.

— Pardon, mesdames, dit le brigadier, si nous pénétrons ainsi dans votre chambre; nous ne devons pas perdre de vue notre prisonnier...

— Voyons, vous autres, dit-il en se tournant vers ses subalternes, installez-vous chacun dans un fauteuil, en attendant que ces dames aient rendu la parole et les jambes à ce pauvre diable... Ah! ah! son affaire est mauvaise ! Le cou doit lui démanger furieusement !

La jeune fille et Marguerite étaient trop occupées à secourir Léon pour entendre les discours du gendarme ; mais madame de Verneuil avait compris l'horrible vérité. Toute frémissante de colère et de douleur, elle s'élança vers l'homme qui venait de faire cette atroce plaisanterie, et lui saisissant le bras avec une force surnaturelle :

— Vous allez sortir de ma chambre à l'instant même, je vous l'ordonne !

— Non pas, non pas, dit le brigadier... Mille pardons si je vous refuse, ma belle dame ; mais nous sommes responsables de ce garçon-là ! M. le procureur du roi peut seul lever la consigne... Aussi pourquoi s'avise-t-il, avec son cœur de poule, d'aller tuer son père ?

— Oh ! mais c'est infâme !... Qui a pu vous

dire cela, monsieur ? De quel droit ?...

— Voilà, dit le brigadier en présentant le mandat d'amener dont il était porteur.

C'en était trop. Madame de Verneuil, anéantie, tomba sur un siége en poussant un cri déchirant.

La jeune fille, ayant entendu ce cri, quitta Léon pour voler au secours de sa mère : celle-ci, muette et glacée d'effroi, lui présenta le fatal papier.

A cette lecture, Marie sentit un froid mortel lui saisir le cœur.

—Tiens, dit l'un des gendarmes en courant soutenir la jeune fille qu'il voyait chanceler, voilà c'te demoiselle qui nous dit bonsoir à présent !... Tout le monde va donc se pâmer ici ?

Marie eut encore la force de le repousser; puis elle tomba presque mourante dans les bras de sa mère.

— Dites donc, brigadier, ça n'est guère amusant tout de même ! Si nous filions avec notre homme, pendant que ces dames ont l'air d'être parties pour l'autre monde... Nous serions quittes de leurs pleurnicheries ?

— Ma foi, tu as raison ! fais-nous préparer une charrette.

— Otez-vous de là ! dit-il à Marguerite en la forçant à s'éloigner du fauteuil où Léon ne donnait encore aucun signe de vie.

— De quoi ! de quoi ! s'écria la vieille Allemande en poussant à son tour le brigadier : qu'est-ce qu'il veut donc, ce brutal ?... A-t-on jamais vu... m'empêcher de ranimer ce pauvre enfant ?

—Taisez-vous, la vieille, c'est notre affaire et non la vôtre. Le clair de lune et la fraîcheur de la nuit lui feront ouvrir les yeux... Il faut que justice ait son cours.

— Camarade, continua-t-il en apostrophant Gros-Pierre qui se tenait debout, la tête basse et dans l'attitude de la consternation, veux-tu nous prêter encore tes épaules pour transporter ce gaillard-là jusqu'à la charrette?... Le geôlier s'impatiente : il nous attend.

A ces mots, Marguerite s'élança rapidement entre Léon et le gendarme.

— Brigand! s'écria-t-elle.

— Il a tué son père, murmura celui-ci, reculant intimidé par la fureur qui jaillissait des yeux de Marguerite.

— Oh!... l'entendez-vous? Est-il possible que le bon Dieu n'écrase pas un pareil monstre?... Et tu oses dire cela devant moi? mais tu ne crains donc pas que je t'arrache les yeux!... Tu mens, oui tu mens comme un chien! Et pourquoi veux-tu l'emmener, dis, bête féroce? est-ce que c'est là du gibier pour ta gueule de loup ? est-ce que tu crois que je l'ai nourri de mon lait pour te le donner à dévorer ensuite ?... Ah ! tu veux emmener mon enfant ! eh bien ! viens le prendre à sa mère, car je suis sa mère, vois-tu... Viens, venez tous !

Tous les membres de la vieille femme tremblaient de colère, et sa voix vibrait éclatante et terrible : pas un seul des limiers de la loi n'osa s'approcher d'elle.

Cependant Léon venait d'ouvrir les yeux. Il essaya de se rappeler les terribles circonstances dans lesquelles il se trouvait : la vue des gendarmes et le désespoir de Marguerite ne lui firent que trop comprendre qu'il s'agissait de l'arrêter comme assassin. Il fut près de succomber une seconde fois à cette idée foudroyante ; mais enfin le sentiment de son innocence prit le dessus... Il se mit à genoux et pria pour son père.

— Chantez-nous donc encore vos horreurs, échappés de galère que vous êtes ! dit Marguerite aux gendarmes : est-ce qu'un assassin prie ? Tâchez de déguerpir et promptement ! Nous sommes assez tristes comme cela, sans que vous veniez nous chagriner encore davantage avec vos faces de hibous !

— Qu'est ce qu'il fait donc c't autre escogriffe ? ajouta-t-elle en voyant le brigadier qui écrivait à l'écart.

— Je dresse procès-verbal des injures que vous m'avez adressées.

— Va, va, griffonne, oiseau de malheur ! et dépêche-toi surtout !

Léon se releva ; son visage était calme.

— Messieurs, dit-il aux gendarmes, permettez-moi de faire mes adieux à ce qui me reste de ma famille ; je serai prêt à vous suivre ensuite.

— Pas de cela, mon enfant! s'écria Marguerite. Par exemple!... vous laisser conduire en prison dans un moment comme celui-ci?... Que deviendrions-nous, mon Dieu?... Non, non, je ne le souffrirai pas, ni Gros-Pierre non plus : n'est-ce pas, Gros-Pierre, que tu feras passer ces brigands-là par la fenêtre?

— Vous avez raison, Marguerite, dit le fermier. Voilà déjà une heure que j'aurais dû le faire, au lieu de rester à trembler comme un imbécile.

Il se plaça résolument en face des gendarmes.

— Mes amis, dit Léon, votre zèle me sera plus nuisible qu'utile. Laissez-moi prouver mon innocence : la prison ne déshonore que les coupables.

— Console-toi, ma bonne Marguerite, ajouta-t-il en ouvrant ses bras à la vieille

Allemande, qui s'y précipita tout en pleurs.

— Et toi, Pierre, dit-il au fermier, tu resteras au château jusqu'à ce que la justice ait reconnu son erreur. Je te charge de protéger ma tante et Marie et de veiller avec elles aux funérailles de mon père, de mon pauvre père que l'on m'accuse d'avoir fait mourir !

Des sanglots étouffés partirent d'un coin de la salle.

— Elles sont ici ! s'écria Léon qui s'élança vers l'endroit d'où se faisaient entendre ces gémissemens. Ma tante, Marie, dites-moi que vous ne me croyez pas coupable ! Il faut que votre bouche me donne cette assurance, car j'ai besoin de courage pour supporter à la fois tant de douleurs... Oh! si vous aviez pu douter un seul instant de mon innocence !

— Non, non ! s'écrièrent les deux femmes en tombant éplorées dans ses bras.

— Marie, pauvre ange ! tu prieras pour moi... pour moi qui suis si malheureux après avoir espéré tant de bonheur !

— Adieu, continua le jeune homme en s'arrachant à leurs embrassemens, adieu ! Le ciel ne nous abandonnera pas.

Il sortit avec les gendarmes.

Le juge d'instruction venait d'arriver. Léon fut conduit devant ce magistrat qui devait lui faire subir un premier interrogatoire, en présence du cadavre ensanglanté de M. d'Arthenay. Le pauvre fils voulut embrasser une dernière fois ces restes inanimés : les gendarmes l'en empêchèrent et le firent asseoir en face de son interrogateur.

— Vous êtes Léon d'Arthenay ? dit celui-ci qui fixa sur l'accusé ses yeux sévères.

— Oui, monsieur, répondit le jeune homme en soutenant ce regard avec le calme de l'innocence. Un crime affreux vient d'être commis sur la personne de mon père,... et ce crime on me l'impute, à moi qui voudrais lui rendre la vie au prix de tout mon sang...

— Bornez-vous à répondre à mes questions, monsieur... Un crime vient d'être commis, c'est vrai ; il est encore vrai que vous êtes accusé de ce crime, et les témoignages que je viens de recueillir sont tous contre vous. Vous avez emmené M. d'Arthenay loin des yeux de tous... Quel était votre but ?

— De lui montrer le mausolée que j'avais fait élever à la mémoire de ma mère.

— Cette action n'a rien que de fort louable... Mais il est bien étonnant que n'ayant jamais connu celle qui vous a donné la vie, vous ayez voulu rendre un tel hommage à son souvenir, et que surtout vous ayez profité d'un jour de fête pour rappeler à M. d'Arthenay des pensées de deuil... M'expliquerez-vous le motif de cette conduite ?

— Je dois le taire.

— Il faut pourtant que la justice soit éclairée, monsieur ! Déjà les renseignemens que je viens d'obtenir prouvent que vous aviez donné des sujets de mécontentement assez graves à M. d'Arthenay pour qu'il ait manifesté jadis l'intention de vous déshériter... Ce fait a-t-il jamais été à votre connaissance ?

— Oui, monsieur.

— Songez qu'alors la justice peut vous considérer comme ayant eu intérêt à commettre ce meurtre.

— Je suis innocent ! dit Léon d'une voix haute et ferme : mon père aurait pu me déshériter sans que mon amour et mon respect eussent en rien diminué pour lui.

— Vous avez du sang après les mains, jeune homme !

Léon pâlit affreusement, et le juge d'instruction crut lire l'aveu de son crime dans le trouble qui parut sur son visage.

— Mais, s'écria le malheureux avec angoisse, vous ne comprenez donc pas que j'ai voulu secourir mon père ! Sa blessure a saigné sur mes mains... Mon Dieu, tout se réunira-t-il aujourd'hui contre moi ?

—Lorsque vous avez quitté M. d'Arthenay, vous n'avez vu personne auprès du mausolée ?

— Non, monsieur.

— Vous ne soupçonnez pas quelque autre d'avoir commis ce crime ?

— Je craindrais de soupçonner un innocent et de lui faire éprouver ce que j'éprouve...

— Ecoutez, mon ami, dit le magistrat avec douceur, je ne désire pas vous trouver coupable; mais les charges sont accablantes, et j'ai peur que le système de dénégation que vous adoptez n'aggrave encore le danger de votre position... Un aveu sincère vous sauverait peut-être : on aurait de l'indulgence pour votre jeunesse...

— Encore une fois, monsieur, je suis innocent ! voilà ma dernière réponse.

— Emmenez l'accusé! dit le juge d'instruction aux gendarmes.

FIN DU PREMIER VOLUME.

TABLE

DES MATIÈRES CONTENUES DANS LE PREMIER VOLUME.

PRÉFACE.

PREMIÈRE PARTIE.

HYPOCRISIE.

Chap.		Pages.
Ier.	— Un homme de l'ancien régime.	3
II.	— Confession.	23
III.	— Le château d'Arthenay	39
IV.	— Réunis.	71
V.	— Un saut en arrière	91
VI.	— Diplomatie	129
VII.	— Indiscrétion du remords.	156
VIII.	— Le jour de l'ordination.	199

DEUXIÈME PARTIE.

VENGEANCE.

IX.	— La croix du pendu, épisode	214
X.	— La ferme	237
XI.	— Arthur.	263
XII.	— Le mausolée.	287
XIII.	— L'assassin	299
XIV.	— Pauvre fils !	313

PUBLICATIONS SOUS PRESSE

POUR PARAÎTRE INCESSAMMENT.

Isaure, par Eugène de Mirecourt. . . . . . . 1 vol. in-8.

Les Mémoires d'un Ange, par Emmanuel Gonzalès. . 2 vol. in-8.

La Duchesse de Chevreuse, par Clémence Robert. 2 vol. in-8.

Denise la Fiancée, par Michel Masson. . . . . 1 vol. in-8.

La Marquise d'Alpujar, par Molé-Gentilhomme . 1 vol. in-8.

Les Charmilles de Trianon, par Roger de Beauvoir. 2 vol. in-8.

Thomas le Carrier, par Roland Bauchery. . . . 2 vol. in-8.

L'Honneur du Mari, par Auguste Arnoult. . . 2 vol. in-8.

Georges le Montagnard, par Eugène de Mirecourt 2 vol. in-8.

Imp. Boulé et Cᵉ, rue Coq-Héron, 3.

www.ingramcontent.com/pod-product-compliance
Lightning Source LLC
Chambersburg PA
CBHW070850170426
43202CB00012B/2017